I0485584

Contents

Intentionally left blank

Preface

Rules for Development of the Hydrocarbon Fields of Turkmenistan in the "Golden Age" of Turkmen Nation (also known as the "Petroleum Development Rules", or "Golden Rules") were adopted on 22 October 1999, following the approval by the Decree of the President of Turkmenistan No. 4416 dated 22 October 1999.

Rules are based upon the Law of Turkmenistan "On Hydrocarbon Resources" (also referred to as the "Petroleum Law of Turkmenistan"), adopted in March 1997. They succeed the Soviet-era regulations (1970 and 1984), replacing the outdated terms with actual ones based on the best global oilfield practice, at the same time modern state-wise approach to development of oil and gas fields both onshore and offshore by foreign companies and joint ventures.

CHAPTER I - GENERAL RULES

1.1 Authority

<u>1.1.1 The Petroleum Law of Turkmenistan</u>

The Petroleum Law of Turkmenistan signed by the President of Turkmenistan in December of 1996 and effective in March of 1997 (hereinafter referred to as the "Law").

1.2 Scope and Applicability of Regulations

<u>1.2.1 Sphere of Regulations</u>

The Rules and Regulations for the Development of Hydrocarbon Fields of Turkmenistan in the "Golden" Age of Turkmen Nation (the "Regulations") govern the activities and relations arising in the course of conduct of Petroleum Operations in the territory under the jurisdiction of Turkmenistan, including sea and internal water basins.

<u>1.2.2 Applicability of Regulations</u>

These Regulations apply to Operators, Contractors, Concerns, the Competent Body, state entities within Turkmenistan, and all other Persons who engage in the conduct or administration of Petroleum Operations in the territory under the jurisdiction of Turkmenistan. These Regulations shall become effective with respect to a Concern upon the issuance of a License to such Concern in accordance with the provisions of the Law.

<u>1.2.3 Conflicts</u>

In the event of a conflict between the provisions of these Regulations and the terms and provisions of a Contract entered into prior to the effective date of these Regulations, including but not limited to decision making, approval procedures, dispute resolution and Joint Development, the terms and provisions of the applicable Contract shall apply. A conflict shall not be deemed to exist

ГЛАВА I - ОБЩИЕ ПОЛОЖЕНИЯ

1.1 Источник права

<u>1.1.1 Закон Туркменистана "Об углеводородных ресурсах"</u>

Закон Туркменистана "Об углеводородных ресурсах", подписанный Президентом Туркменистана в декабре 1996 года и вступивший в силу в марте 1997 года (далее именуется Закон).

1.2 Сфера применения Правил

<u>1.2.1 Пределы действия</u>

Настоящие Правила разработки углеводородных месторождений Туркменистана в "золотом" веке Туркменского народа (далее именуются Правила) регламентируют деятельность и отношения, возникающие в процессе осуществления Нефтяных работ на территории, находящейся под юрисдикцией Туркменистана, включая морские и внутренние водоемы.

<u>1.2.2 Сфера применения Правил</u>

Настоящие Правила применяются по отношению к Операторам, Подрядчикам, Концернам, Компетентному органу, государственным организациям Туркменистана и всем другим лицам, которые осуществляют или администрируют Нефтяные работы на территории, находящейся под юрисдикцией Туркменистана. Данные Правила применяются по отношению к Концерну после выдачи ему лицензии в соответствии с положениями Закона.

<u>1.2.3 Конфликты</u>

В случае возникновения конфликта между положениями настоящих Правил и условиями и положениями Договора, заключенного до даты вступления в силу настоящих Правил, включая, но не ограничиваясь принятием решений, порядком утверждения, разрешением споров и Совместной разработкой, должны применяться условия и положения соответствующего Договора. Конфликт не должен считаться существующим только потому, что в Договоре

Rules for Development of the Hydrocarbon Fields of Turkmenistan in the "Golden Age" of Turkmen Nation (22 October 1999)
Правила разработки углеводородных месторождений в «Золотом Веке» туркменского народа (22 октября 1999 года)

Page | Страница 11 /201

merely because a Contract is silent as to any topic upon which these Regulations contain express provisions, except, as to Contracts entered into prior to the effective date of the Law, to the extent such express provisions materially affect a Contractor's rights, interests and benefits under the Contract and a License.

ничего не говорится о том или ином вопросе, в отношении которого Правила содержат конкретные положения, за исключением Договоров, заключенных до даты вступления в силу Закона, до момента, когда такие положения Правил значительным образом влияют на права, интересы и льготы Подрядчика в соответствии с Договором и лицензией.

Rules for Development of the Hydrocarbon Fields of Turkmenistan in the "Golden Age" of Turkmen Nation (22 October 1999)
Правила разработки углеводородных месторождений в «Золотом Веке» туркменского народа (22 октября 1999 года)

Page | Страница 12 /201

1.2.4 Deemed Approval by the Competent Body

In the event a Contract entered into prior to the effective date of these Regulations contains provisions concerning Management Committee approval of plans, programs or other matters relating to Petroleum Operations, then, as to such specific matters, such approval shall also be deemed to be an approval by the Competent Body for the purposes of these Regulations.

1.2.5. Language of the Regulations

These Regulations are prepared in the Turkmen, Russian and English languages and all texts have equal force and effect.

1.3 Administration of the Regulations

1.3.1 Responsibility

The Competent Body is responsible for promulgating Regulations for the exploration, appraisal, development, production and abandonment of Petroleum fields according to International Oil Field Practice.

1.3.2 Functions

In order to carry out its responsibilities under Section 1.3.1 of these Regulations, the Competent Body shall (i) promulgate Regulations related to Petroleum Operations, (ii) act upon the requests, applications, and notices submitted under these Regulations, (iii) issue written orders to govern Petroleum Operations, and (iv) require compliance with applicable laws and these Regulations.

1.4 Statement of Purpose

1.4.1 Purpose of Regulation

In the exercise of the responsibilities and functions under Section 1.3 of these Regulations, the Competent Body shall exercise its regulatory authority in a manner so that all Petroleum Operations conform to sound conservation practice

1.2.4 Квалифицируется как утверждение Компетентным органом

В случае, когда Договор, заключенный до даты вступления в силу настоящих Правил, содержит положения по Комитету управления в части утверждения Планов, программ или иных вопросов, относящихся к Нефтяным работам, то в отношении этих конкретных вопросов, такое утверждение должно квалифицироваться как утверждение Компетентным органом для целей настоящих Правил.

1.2.5 Язык Правил

Настоящие Правила подготовлены на туркменском, русском и английском языках, и все тексты имеют равное действие.

1.3 Осуществление Правил

1.3.1 Ответственность

Компетентный орган несет ответственность за обнародование Правил по разведке, оценке, разработке, эксплуатации и ликвидации Углеводородных месторождений в соответствии с Международной нефтепромысловой практикой.

1.3.2 Функции

С целью исполнения обязанностей в соответствии с разделом 1.3.1 настоящих Правил Компетентный орган должен (I) обнародовать Правила, относящиеся к Нефтяным работам, (ii) принимать действия в отношении заявок, просьб и уведомлений, представленных в соответствии с данными Правилами, (iii) выдавать письменные распоряжения для регулирования Нефтяных работ и (iv) требовать соблюдения соответствующих законов и настоящих Правил.

1.4 Назначение

1.4.1 Назначение Правил

При исполнении обязанностей и функций в соответствии с разделом 1.3 настоящих Правил Компетентный орган должен применять свои регулирующие полномочия таким образом, чтобы все Нефтяные работы соответствовали обоснованным принципам охраны недр и были

Rules for Development of the Hydrocarbon Fields of Turkmenistan in the "Golden Age" of Turkmen Nation (22 October 1999)
Правила разработки углеводородных месторождений в «Золотом Веке» туркменского народа (22 октября 1999 года)

Page | Страница 13 /201

and are conducted in a manner, which will preserve, protect and develop the Petroleum resources of Turkmenistan.

направлены на сохранение, охрану и разработку Углеводородных ресурсов Туркменистана.

Rules for Development of the Hydrocarbon Fields of Turkmenistan in the "Golden Age" of Turkmen Nation (22 October 1999)
Правила разработки углеводородных месторождений в «Золотом Веке» туркменского народа (22 октября 1999 года)

Page | Страница 14 /201

1.5 Preemption of Prior Regulations and Conflicts

1.5.1 Prior Regulations

Upon the adoption of these Regulations the following regulations shall, as regards to all Petroleum Operations being conducted by any Operator other than a Concern, be deemed to be null and void and of no further force and effect:

Rules for Development of Oil and Oil-gas Fields (adopted 15.10.1984 № 44);

Rules for Development of Gas and Gas Condensate Fields (adopted 06.04.1970).

The continued operation of any well placed in operation prior to the effective date of these Regulations shall not be cause for issuance of a Notice of Violation under Section 13.1.4 of these Regulations so long as no major workover is undertaken on such well and as long as the continued operation of such well conforms to a Development Plan approved by the Competent Body. The undertaking of major workover operations on such well for increasing the production from such well, or for replacing major equipment or components on such well, or the undertaking of major repairs on such well, shall remove the exemption provided by this provision and such well shall thereupon become subject to these Regulations as any other new well.

1.5.2 Effective Date and Transition Period

These Regulations shall become effective as to all Petroleum Operations being conducted in whole or in part by any Operator other than a Concern immediately upon their adoption by the Competent Body. As to all Petroleum Operations being conducted wholly by a Concern, the rules identified in Section 1.5.1, above, shall govern for a transition

1.5 Преимущественное право применения Правил и конфликты

1.5.1 Предшествовавшие правила

После принятия настоящих Правил нижеследующие правила считаются утратившими силу по отношению ко всем Нефтяным работам, выполняемым любым Оператором, не являющимся Концерном:

Правила разработки нефтяных и газонефтяных месторождений (утвержденные 15.10.1984 г. № 44)

Правила разработки газовых и газоконденсатных месторождений (утвержденные 06.04.1970 г.)

Продолжение эксплуатации любой скважины, введенной в эксплуатацию до момента вступления в силу настоящих Правил, не должно являться причиной предъявления уведомления о нарушении в соответствии с разделом 13.1.4 настоящих Правил, если на этой скважине не проводился капитальный ремонт и если продолжающаяся эксплуатация этой скважины проводится в соответствии с Планом разработки, утвержденным Компетентным органом. Проведение работ по капитальному ремонту такой скважины с целью увеличения добычи из этой скважины или замена основного оборудования, или компонентов на такой скважине, или проведение основных ремонтных работ на такой скважине снимает освобождение, предоставляемое этим положением, и с этого момента такая скважина подлежит выполнению положений настоящих Правил, как любая другая новая скважина.

1.5.2 Дата вступления в силу и переходный период

Настоящие Правила вступят в силу по отношению ко всем Нефтяным работам, выполняемым полностью или частично любым Оператором, не являющимся Концерном, сразу же после их утверждения Правительством Туркменистана. Что касается Нефтяных работ, полностью выполняемых Концерном, то они должны руководствоваться правилами, указанными выше в разделе 1.5.1, в течение

Rules for Development of the Hydrocarbon Fields of Turkmenistan in the "Golden Age" of Turkmen Nation (22 October 1999)
Правила разработки углеводородных месторождений в «Золотом Веке» туркменского народа (22 октября 1999 года)

Page | Страница 15 /201

period of two years following the date of adoption of these Regulations, after which time these Regulations shall become effective as to as such Petroleum Operations being conducted by a Concern.

переходного периода продолжительностью в два года с даты принятия настоящих Правил, по истечении которого настоящие Правила вступают в силу по отношению к Нефтяным работам, выполняемым Концерном.

Rules for Development of the Hydrocarbon Fields of Turkmenistan in the "Golden Age" of Turkmen Nation (22 October 1999)
Правила разработки углеводородных месторождений в «Золотом Веке» туркменского народа (22 октября 1999 года)

Page | Страница 16 /201

CHAPTER I – GENERAL RULES

1.6 Rule Making

1.6.1 Purpose

The purpose of this Section 1.6 is to provide procedural rules to govern the issuance of Regulations by the Competent Body.

1.6.2 Scope

The rules of this Section 1.6 of these Regulations shall govern all proceedings related to the issuance of new Regulations by the Competent Body.

1.6.3 Procedure for Adoption of Regulations

The Competent Body shall provide a Notice of Proposed Regulation to all Interested Parties and shall publish such notice in a newspaper of general circulation in Turkmenistan at least thirty (30) days prior to holding a public hearing on the proposed Regulation. If, however, the Competent Body finds that an imminent peril to the preservation of the public health, safety or welfare requires an emergency Regulation, the Competent Body may promulgate any such Regulation without notice and hearing. Any emergency Regulation so adopted shall be made subject to the public hearing requirements of this Section 1.6 of these Regulations as soon as is reasonably possible and, in no event, later than one-hundred and twenty (120) days after adoption by the Competent Body.

1.6.4 Hearings

All hearings of the Competent Body related to the adoption of new Regulations shall be open to the public and shall be held at the principal office of the Competent Body in Ashgabat, or at such other place in Ashgabat as designated by the Competent Body. All hearings shall commence on the date and at the time designated in the Notice of Proposed Regulation. A transcript shall

ГЛАВА I – ОБЩИЕ ПОЛОЖЕНИЯ

1.6 Создание Правил

1.6.1 Цель

Цель данного раздела 1.6 настоящих Правил состоит в обеспечении процедурных правил для регламентирования выпуска новых Правил Компетентным органом.

1.6.2 Пределы действия

Правила раздела 1.6 настоящих Правил регламентируют все процедуры, относящиеся к выпуску новых Правил Компетентным органом.

1.6.3 Порядок утверждения Правил

Компетентный орган должен представить уведомление о предлагаемых Правилах всем Заинтересованным сторонам и опубликовать это уведомление в газете Туркменистана как минимум за тридцать (30) дней до проведения открытых слушаний по предлагаемым Правилам. Вместе с тем, если Компетентный орган установит, что наличие прямого риска для здоровья и безопасности общественности требует экстренных Правил, то Компетентный орган может обнародовать такие Правила без уведомления и слушаний. Экстренные Правила, принятые таким образом, должны быть вынесены на открытые слушания в соответствии с требованиями раздела 1.6 настоящих Правил, как только это представится возможным, и, ни в коем случае, не позднее чем в течение ста двадцати (120) дней после принятия Компетентным органом.

1.6.4 Слушания

Все слушания Компетентного органа, относящиеся к принятию новых Правил, должны быть открыты для общественности и должны проходить в головном учреждении Компетентного органа в г. Ашхабаде либо в другом месте г. Ашхабада, обозначенном Компетентным органом. Дата и время начала слушаний определяются в уведомлении о предлагаемых Правилах. Материалы всех открытых слушаний Компетентного органа

Rules for Development of the Hydrocarbon Fields of Turkmenistan in the "Golden Age" of Turkmen Nation (22 October 1999)
Правила разработки углеводородных месторождений в «Золотом Веке» туркменского народа (22 октября 1999 года)

Page | Страница 17 /201

be made of all the public hearings before the Competent Body and shall be made available for any person requesting it, at that person's expense.

записываются, и такие записи предоставляются любому лицу, их запросившему, за счет средств этого лица.

Rules for Development of the Hydrocarbon Fields of Turkmenistan in the "Golden Age" of Turkmen Nation (22 October 1999)
Правила разработки углеводородных месторождений в «Золотом Веке» туркменского народа (22 октября 1999 года)

Page | Страница 18 /201

1.6.5 Conduct of Hearing

Every public hearing conducted by the Competent Body shall be called to order by a member of the Competent Body stating the purpose and scope of the hearing and identifying the issues upon which testimony will be heard. Every person appearing at a public hearing shall state his or her name and address, and shall identify, if applicable, the entity, which he or she represents. Thereafter, such person shall be deemed a party of record and shall be afforded a reasonable opportunity to present evidence in writing, or orally, or in the form of exhibits, which is related to the proposed Regulation. Parties of record may, at the discretion of the Competent Body, make opening statements where appropriate. If a party of record intends to offer written evidence or exhibits in testimony, such testimony or exhibits shall be filed with the Competent Body and provided to all Interested Parties not less than five (5) days prior to the hearing. A list of Interested Parties shall be compiled and maintained by the Competent Body and made available to any party upon request. A person or organization may be added to the list of Interested Parties by identifying themselves to the Competent Body at the Competent Body's offices or at a public hearing.

1.6.6 Rule Making

Within sixty (60) days following the conclusion of a hearing, the Competent Body shall analyze the testimony presented at the hearing and shall accomplish one of the following: (i) adopt the proposed Regulations as originally written, (ii) adopt a version of the proposed Regulations modified to take into account testimony presented at the hearing, (iii) make a determination that no further action will be taken with respect to the proposed Regulations.

1.6.5 Проведение слушаний

Каждое открытое слушание, проводимое Компетентным органом, открывает член Компетентного органа, который указывает цель и содержание слушаний, а также определяет вопросы, по которым будут заслушаны показания. Каждое лицо, явившееся на открытое слушание, сообщает свое имя и адрес с указанием, где это применимо, юридического лица, которое он/она представляет. После этого такое лицо считается стороной по протоколу, и ему предоставляют разумно необходимую возможность представить, в письменной или устной форме, либо путем представления вещественных подтверждений, доказательства, касающиеся предложенных Правил. Стороны по протоколу могут по усмотрению Компетентного органа делать заявления, где это необходимо. Если сторона по протоколу намеревается предложить в свидетельских показаниях письменные доказательства или подтверждения, такие показания или подтверждения подаются Компетентному органу и предоставляются всем Заинтересованным сторонам не позднее, чем за пять (5) дней до начала слушаний. Компетентный орган должен составлять и дополнять список всех Заинтересованных сторон и предоставлять такой список по просьбе любой стороны. Организация или лицо могут быть внесены в список Заинтересованных сторон путем официального представления Компетентному органу своих названий или имен в учреждениях Компетентного органа или на открытых слушаниях.

1.6.6 Решение

В течение шестидесяти (60) дней после завершения слушаний Компетентный орган обязан проанализировать представленные на слушаниях показания и вынести решение, согласно которому выполняется одно из ниже перечисленных: (i) предлагаемые Правила утверждаются согласно первоначальному варианту; (ii) утверждается один из вариантов предлагаемых Правил с изменениями, отражающими представленные на слушании показания; (iii) принимается решение о том, что по предлагаемым Правилам последующих

Rules for Development of the Hydrocarbon Fields of Turkmenistan in the "Golden Age" of Turkmen Nation (22 October 1999)
Правила разработки углеводородных месторождений в «Золотом Веке» туркменского народа (22 октября 1999 года)

Page | Страница 19 /201

действий предприниматься не будет.

Rules for Development of the Hydrocarbon Fields of Turkmenistan in the "Golden Age" of Turkmen Nation (22 October 1999)
Правила разработки углеводородных месторождений в «Золотом Веке» туркменского народа (22 октября 1999 года)

Page | Страница 20 /201

1.7 Publication of Regulations

1.7.1 Interested Parties

Within thirty (30) days following the decision made pursuant to Section 1.6.6 of these Regulations, the Competent Body shall mail a copy of its decision and, if applicable, a copy of the new Regulations to each Interested Party.

1.8 Reference Documents

1.8.1 Reference Documents

The Standards, Codes, Certification and Certification Procedures, practices and guidance documents of internationally recognized standardization and certification bodies and agencies which have been accepted by oil and gas, environmental, safety and health regulators in countries such as Turkmenistan, Malaysia, USA, UK, Canada, Australia, Norway and the Netherlands may be used by an Operator in determining appropriate standards and certification for its Petroleum Operations. In addition, such documents prepared by internationally recognized groups in the fields of oil and gas, and environment, health & safety may also be used. These groups include International Association of Drilling Contractors (IADC), International Association of Geophysical Contractors (IAGC), Exploration & Production Forum (E&P Forum), United Nations (UN), American Petroleum Institute (API), International Organization for Standardization (ISO), Society of Petroleum Engineers (SPE), International Maritime Organization (IMO), Lloyd's Register, American Bureau of Shipping (ABS), Det Norske Veritas (DNV), World Bank and the European Union (EU).

Such documents will be used for the sole purpose of assisting an Operator in its determination as to appropriate standards

1.7 Публикация Правил

1.7.1 Заинтересованные стороны

В течение тридцати (30) дней после решения, принятого в соответствии с разделом 1.6.6 настоящих Правил, Компетентный орган направляет копию своего решения и, где это применимо, копию новых Правил каждой Заинтересованной стороне.

1.8 Документы для ссылки

1.8.1 Документы для ссылки

Стандарты, нормы, сертификация и порядок сертификации, методы и руководства международно-признанных организаций и агентств по стандартизации и сертификации, признанных регулирующими агентствами в области нефти и газа и органами по охране окружающей среды, здоровья и технике безопасности таких стран как Туркменистан, Малайзия, США, Великобритания, Канада, Австралия, Норвегия и Нидерланды, могут применяться Оператором для определения приемлемых стандартов и сертификации для своих Нефтяных Работ. В дополнение к этому, допускается применение документов, разработанных международно-признанными группами в области нефти и газа, охране окружающей среды, здоровья и технике безопасности. В такие группы входят: Международная Ассоциация Буровых Подрядчиков (IADC), Международная Ассоциация Геофизических Подрядчиков (IAGC), Форум по Разведке и Добыче (E&P Forum), Организация Объединенных Наций (UN), Американский Нефтяной Институт (API), Международная Организация по Стандартизации (ISO), Общество Инженеров-Нефтяников (SPE), Международная Морская Организация (IMO), Регистр Ллойда, Американское Судоходное Бюро (ABS), Дэт Норске Веритас (DNV), Всемирный Банк и Европейский Союз (EU).

Такие документы будут применяться с целью содействия Оператору при выборе необходимых стандартов для проведения Нефтяных работ в соответствии с Договором и Наилучшими

Rules for Development of the Hydrocarbon Fields of Turkmenistan in the "Golden Age" of Turkmen Nation (22 October 1999)
Правила разработки углеводородных месторождений в «Золотом Веке» туркменского народа (22 октября 1999 года)

Page | Страница 21 /201

for the conduct of Petroleum Operations in accordance with the Contract and Best Available and Safest Technologies. The application of Best Available and Safest Technologies to existing Petroleum Operations shall also take into account practicability, economic feasibility and potential safety, health and environmental costs and benefits.

1.9 Definitions

1.9.1 Definitions
The terms used in these Regulations shall have the meanings as defined below.

"Coastal Area" means that area of land geographically located between the intersect of a sea or internal water body during normal seasonal fluctuations, as determined by a mutually agreed map or survey, and the historically documented elevation of the high water mark during a 10 year flood event, together with those areas from which potential contaminants from near coastline petroleum operation facilities might reasonably be expected to reach the offshore environment.

For purposes of this definition, facilities which have proven capability (dams, barriers, dikes) to prevent rising water from entering and subsequently receding into the seaward coastal area during a 10 year flood occurrence shall be excluded from this definition.

"Coastline" means that water body boundary represented by a narrow strip of land up to fifty (50) meters in width, which passes landward from the highest points of the surf wave zone and where, if a release of pollutants occurred, such pollutants might reasonably be expected to reach the Offshore environment.

"Block" means that portion of an areal and/or stratigraphic section on land or water, which is partially or completely

существующими и безопасными технологиями. При применении Наилучших существующих и безопасных технологий к производимым Нефтяным работам необходимо учитывать их практичность, экономическую целесообразность и потенциальные затраты и пособия на охрану здоровья населения, окружающей среды и обеспечение её безопасности.

1.9 Термины

1.9.1 Термины
Термины, использованные в настоящих Правилах, имеют следующие значения.

«Береговая зона» означает область суши, географически расположенной между точкой пересечения моря или внутреннего водоема в течение обычных сезонных колебаний, определенных на основе взаимосогласованной карты или съемки, и исторической отметкой высоты подъема воды в течение 10 лет затоплений, включая участки, с которых загрязняющие вещества с нефтяных сооружений, расположенных рядом с береговой линией, могут попасть в морскую среду.

Данное определение не включает сооружения с подтвержденной способностью (дамбы, обваловки, ограждения) предотвращать наступление и последовательное отступление поднявшейся воды на береговую зону в течение 10 лет затоплений.

«Береговая линия» означает границу водоема, представленную в виде узкой полоски суши шириной до 50 метров, которая пролегает по берегу от самых высоких отметок зоны нагонной волны и где, в случае возникновения загрязнения, можно ожидать проникновение такого загрязнения в морскую среду.

«Блок» означает участок регионального и/или стратиграфического разреза на суше или воде, частично или полностью находящегося на территории под юрисдикцией Туркменистана, и соответствующим образом обозначенного на специально составленной карте таких Блоков.

Rules for Development of the Hydrocarbon Fields of Turkmenistan in the "Golden Age" of Turkmen Nation (22 October 1999)
Правила разработки углеводородных месторождений в «Золотом Веке» туркменского народа (22 октября 1999 года)

Page | Страница 22 /201

located in the territory under the jurisdiction of Turkmenistan and designated as such on a specially compiled map of such Blocks.

"Contract" means an agreement entered into between a Contractor (Contractors) and the Competent Body or Concern for the conduct of Petroleum Operations.

"Contract Area" means the area delineated and defined by geographical coordinates, as described in the Appendices to a Contract and subsequently adjusted by any relinquishments or other modifications, within which an Operator is allowed to conduct Petroleum Operations.

"Interested Party" means all Operators, Contractors, Concerns, state entities within Turkmenistan, and all other Persons who engage in the conduct or administration of Petroleum Operations or any other Person concerned about the economic or environmental impact of any Petroleum Operations in the territory under the jurisdiction of Turkmenistan.

"Reservoir" means a porous and permeable stratum capable of producing Petroleum and which is considered because of the character of the substances it holds (similitude of physical properties, density, gas-oil ratio, viscosity and a pressure relationship) as a unit in regard to its natural exploitation.

"Significant Spill" means any discharge of oil, brine or chemical exceeding 0.5 barrels which is in, or is likely to enter, water or any discharge of oil or brine onto land exceeding ten (10) barrels per incident or 0.5 barrels of chemical per incident.

"Management Committee" means the committee established pursuant to a

«Договор» означает соглашение между Подрядчиком (Подрядчиками) и Компетентным органом или Концерном, на проведение Нефтяных работ.

«Договорная территория» - это оконтуренная и определенная географическими координатами территория, как описано в приложении в Договору, и впоследствии скорректированная возвратом или иными изменениями, в пределах которой Оператору разрешается проводить Нефтяные работы.

«Заинтересованная сторона» означает всех Операторов, Подрядчиков, Концерны, государственные структуры Туркменистана и всех других лиц, которые осуществляют или администрируют Нефтяные работы, или любое другое лицо, имеющее отношение к экономическому или экологическому воздействию Нефтяных работ, на территории, находящейся в юрисдикции Туркменистана

«Залежь» означает пористые, проницаемые слои, пригодные для добычи Углеводородных ресурсов, рассматриваемые по причине свойств содержащихся в них веществ (сходные физические свойства, плотность, соотношение газа и нефти, вязкости и давления) как единое целое в отношении их естественной эксплуатации.

«Значительный разлив» означает любой разлив нефти, соляного раствора или химических веществ, превышающий 0.5 баррелей, который попал или может попасть в воду, или любой разлив нефти или соляного раствора на сушу, превышающий десять (10) баррелей за разлив или 0.5 баррелей химических веществ за разлив.

«Комитет управления» означает комитет, сформированный в соответствии с Договором, состоящий из представителей, как Компетентного органа, так и представителей Подрядчика (ов) по такому Договору.

«Календарный год» означает период в двенадцать

Rules for Development of the Hydrocarbon Fields of Turkmenistan in the "Golden Age" of Turkmen Nation (22 October 1999)
Правила разработки углеводородных месторождений в «Золотом Веке» туркменского народа (22 октября 1999 года)

Page | Страница 23 /201

CHAPTER I – GENERAL RULES

Contract consisting of representatives of both the Competent Body and the Contractor(s) in such Contract.

"Calendar Year" means a period of twelve (12) calendar months according to the Gregorian Calendar, starting with January 1st and ending with December 31st.

"Competent Body" means Competent Body for the Use of Hydrocarbon Resources at the President of Turkmenistan, which is a State Body with exclusive powers to conduct negotiations, issue Licenses and enter into the Contracts, as well as to control the implementation of signed Contracts on exploitation of hydrocarbon resources of Turkmenistan.

"Ultimate Economic Recovery" means the maximum physical quantity of Petroleum that can, in the reasonable opinion of Operator, be recovered without economic loss and with due regard for principles of conservation.

"Concern" means an operating structure of the Petroleum Sector of Turkmenistan, conducting Petroleum Operation on its own account or on behalf of another Person.

"Production License" means the legal instrument instituted in the form of a legal act, and issued by the Competent Body, which grants the right to carry out Petroleum Operations in order to develop and produce Petroleum.

"Exploration License" means the legal instrument instituted in the form of a legal act, and issued by the Competent Body, which grants the right to carry out Petroleum Operations in order to search for and appraise Petroleum Reservoirs.

ГЛАВА I – ОБЩИЕ ПОЛОЖЕНИЯ

(12) календарных месяцев согласно григорианскому календарю, начинающийся 1-го января и заканчивающийся 31-го декабря.

«Компетентный орган» – это Компетентный орган по использованию углеводородных ресурсов при Президенте Туркменистана, являющийся органом государственного управления, наделенным исключительными полномочиями на проведение переговоров, выдачу лицензий и заключение Договоров, а также осуществление контроля за ходом реализации заключенных Договоров об использовании углеводородных ресурсов Туркменистана.

«Конечная экономически обоснованная углеводородоотдача» означает максимальный физический объем Углеводородных ресурсов, который, по обоснованному мнению Оператора, может быть извлечен без экономических потерь и с учетом принципов охраны недр.

«Концерн» означает производственную структуру нефтегазовой отрасли Туркменистана, осуществляющую Нефтяные работы самостоятельно или от имени другого лица.

«Лицензия на добычу» означает юридический документ, составленный в форме юридического акта, выданного Компетентным органом, который предоставляет право на осуществление Нефтяных работ с целью добычи Углеводородных ресурсов.

«Лицензия на разведку» означает юридический документ, составленный в форме юридического акта, выданного Компетентным органом, который предоставляет право на осуществление Нефтяных работ с целью поиска и оценки Залежей Углеводородных ресурсов.

«Максимальная норма отбора» означает максимальную ежедневную норму, при которой можно добывать нефть или газ из конкретного нефте- или газоносного горизонта в соответствии с утвержденным Планом разработки или Планом оценки.

Rules for Development of the Hydrocarbon Fields of Turkmenistan in the "Golden Age" of Turkmen Nation (22 October 1999)
Правила разработки углеводородных месторождений в «Золотом Веке» туркменского народа (22 октября 1999 года)

Page | Страница 24 /201

CHAPTER I – GENERAL RULES

"Maximum Production Rate" means the maximum daily rate at which oil and gas may be produced from a specified oil well or gas well completion as set forth in an approved Development or Appraisal Plan

"Maximum Efficient Rate" means the maximum rate of production of Petroleum from a Reservoir established by Operator in accordance with International Oil Field Practice which, is sustainable without excessive decline of production or excessive loss of Reservoir pressure and which will permit the development of such Reservoir without detriment to the Ultimate Economic Recovery, subject always to such Operator's ability to transport and market such Petroleum.

"International Oil-Field Practice" means any principle, practice or procedure which is generally applied by the international petroleum industry as good, safe, efficient, and necessary in the carrying out of exploration, development or production operations and shall include, without limitation, any principle, practice or procedure which has been approved by the internationally recognized organizations and is not in conflict with the Law.

"Offshore" means the water and the adjacent Coastal Area of the Caspian Sea basin of which the subsoil and seabed appertain to Turkmenistan and are subject to its jurisdiction and control.

"Best Available and Safest Technologies" means the equipment, procedures and practices which an experienced, competent, and prudent international Operator would use when engaged in a similar activity under similar circumstances and in accordance with International Oil Field Practices.

ГЛАВА I – ОБЩИЕ ПОЛОЖЕНИЯ

«Максимальная эффективная норма» означает максимальную норму добычи Углеводородных ресурсов из Залежи, установленную Оператором в соответствии с Международной нефтепромысловой практикой и поддерживаемую без чрезмерного снижения уровня добычи или чрезмерного снижения пластового давления, и которая позволяет разработку такой Залежи без ущерба Конечной экономически обоснованной углеводородоотдаче, всегда зависящей от возможности Оператора транспортировать и сбывать такие Углеводородные ресурсы.

«Международная нефтепромысловая практика» означает любой принцип, метод или практику, обычно применяемые в международной нефтегазовой промышленности, как обоснованную, безопасную, эффективную и необходимую для осуществления работ по разведке, разработке и добыче, которая без ограничений включает любой принцип, метод или практику, утвержденные международно-признанными организациями и не противоречащие Закону.

«Морская зона» означает водную и прилегающую Береговую зону бассейна Каспийского моря, подпочвенная и придонная части которого принадлежат Туркменистану и находятся под его юрисдикцией и контролем.

«Наилучшие существующие и безопасные технологии» означают оборудование, технологические процессы и методы, которые опытный, компетентный и предусмотрительный международный Оператор применяет при осуществлении подобной деятельности в подобных обстоятельствах и в соответствии с Международной нефтепромысловой практикой. Соблюдение стандартов, правил и методов, указанных в разделе 1.8.1 настоящих Правил, считается применением Наилучших существующих и безопасных технологий.

«Нефтегазовое месторождение» означает поверхность, охватывающую одну или несколько углеводородных залежей.

Rules for Development of the Hydrocarbon Fields of Turkmenistan in the "Golden Age" of Turkmen Nation (22 October 1999)
Правила разработки углеводородных месторождений в «Золотом Веке» туркменского народа (22 октября 1999 года)

Page | Страница 25 /201

CHAPTER I – GENERAL RULES

Conformance to the standards, codes, and practices referenced in Section 1.8.1 of these Regulations shall be considered to be the application of Best Available and Safest Technologies.

"Oil and Gas Field" means the surface area that is underlain by one or more Petroleum Reservoirs.

"Petroleum Operations" means all Exploration, Development, Production and Abandonment activities, as well as those related to transportation and storage of Petroleum, and other activities related to, or which should by law be related to, the exploitation of the hydrocarbon resources of Turkmenistan. Such term shall also include activities conducted, or which by law should have been conducted, pursuant to any Exploration License, Production License, or combined Exploration and Production License. With respect to all of the foregoing activities, the term shall include activities planned or performed by any Concern whether conducted on its own account or on behalf of another person.

"Commercial Discovery" means a discovery of Petroleum, which, in the reasonable opinion of Operator, and after consideration of all relevant data of the operative, technical and economic factors could be developed commercially by the Operator in accordance with the Contract.

"Discovery" means any discovery of Petroleum that has been effected in the Contract Area and may be considered for Appraisal by the Operator to ascertain whether it is a Commercial Discovery.

"Operator" means the company or entity designated to conduct Petroleum Operations for the benefit of and in the interest of a Contractor. In such a

ГЛАВА I – ОБЩИЕ ПОЛОЖЕНИЯ

«Нефтяные работы» означают все работы по разведке, Разработке, Эксплуатации и ликвидации, а также работы, относящиеся к транспортировке и хранению Углеводородных ресурсов, и прочую деятельность, предписанную Законом или относящуюся к эксплуатации углеводородных ресурсов Туркменистана. Это определение также включает виды деятельности, выполняемые или которые по Закону должны быть выполнены, согласно Лицензии на разведку, Лицензии на добычу или единой Лицензии на разведку и добычу. В отношении предшествующей деятельности это определение включает деятельность, запланированную или выполненную любым Концерном индивидуально или от имени иного лица.

«Обнаружение промышленного значения» означает обнаружение Углеводородных ресурсов, которое, по обоснованному мнению Оператора, и после изучения всех соответствующих данных и оперативных, технических и экономических показателей может быть разработано Оператором как промышленное в соответствии с Договором.

«Обнаружение» означает любое обнаружение Углеводородных ресурсов, которое было осуществлено на Договорной территории, и может быть объектом оценочных работ для определения Оператором того, имеет ли это Обнаружение промышленное значение.

«Оператор» - это компания или организация, осуществляющая Нефтяные работы в пользу и в интересах Подрядчика. На этом основании Оператор должен следовать положениям настоящих Правил, законов Туркменистана и Договора, обладать всеми правами, привилегиями, полномочиями и обязанностями Подрядчика, включая без ограничений исключительное право осуществления всех Нефтяных работ и другой деятельности Подрядчика.

«Опытно-промышленная эксплуатация» означает временную эксплуатацию Углеводородных ресурсов Оператором перед промышленной Разработкой, целью которой является подготовка

Rules for Development of the Hydrocarbon Fields of Turkmenistan in the "Golden Age" of Turkmen Nation (22 October 1999)
Правила разработки углеводородных месторождений в «Золотом Веке» туркменского народа (22 октября 1999 года)

Page | Страница 26 /201

capacity, an Operator shall, subject to the provisions of these Regulations, the laws of Turkmenistan and any Contract, have all of the rights, privileges, powers and responsibilities of a Contractor including, without limitation, exclusive charge of the conduct of all Petroleum Operations and other activities of a Contractor.

"Pilot Production" means the temporary Production of Petroleum by an Operator prior to commercial Development where the purpose of such temporary Production is the preparation of a Reservoir for commercial development. The term Pilot Production shall not include Production of Petroleum, which is obtained during drilling operations or short-term well testing programs.

"Appraisal Well" means any well drilled during implementation of an Appraisal Plan.

"Appraisal Plan" means a documentary report, prepared by an Operator pursuant to a Contract, specifying those Petroleum Operations which an Operator plans to conduct following a Discovery of Petroleum for the purpose of delineating the Petroleum Reservoir to which a Discovery relates in terms of thickness and lateral extent and estimating the quantity of recoverable Petroleum therein, and may include geological, geophysical, aerial and other surveys and drilling of Appraisal Wells and other related holes and wells.

"Exploration Plan" means the documentary report, prepared by an Operator pursuant to a Contract, specifying exploration related Petroleum Operations which an Operator plans to conduct under an Exploration License during the applicable period of time and may include geological, geophysical, aerial and other surveys, and the drilling

Залежи к промышленной Разработке. Термин "Опытно-промышленная эксплуатация" не включает добычу Углеводородных ресурсов, которые получены в процессе буровых работ или выполнения краткосрочных программ испытания скважин.

«Оценочная скважина» означает любую скважину, пробуренную в процессе осуществления Плана оценки.

«План оценки» означает документальный отчет, подготовленный Оператором в соответствии с Договором, определяющим Нефтяные работы, которые Оператор намеревается осуществить после Обнаружения углеводородных ресурсов с целью оконтуривания углеводородной залежи, относящейся к Обнаружению в отношении мощности, латеральной протяженности, оценки количества извлекаемых Углеводородных ресурсов из такой Залежи. План оценки может включать геологическую, геофизическую разведку, аэрофотосъемку и другие исследования, бурение Оценочных скважин и других, относящихся к этому скважин

«План разведки» означает документальный отчет, подготовленный Оператором в соответствии с Договором, определяющий Нефтяные работы, которые Оператор планирует осуществить в соответствии с Лицензией на разведку в течение соответствующего периода времени, и который может включать геологическую, геофизическую разведку, аэрофотосъемку и другие исследования, а также бурение сейсмических скважин, структурных скважин, стратиграфические испытания, бурение Разведочных скважин в соответствии с годовой рабочей программой и бюджетом, подготовленными Оператором в соответствии с Договором.

«План разработки» означает документальный отчет, подготовленный Оператором в соответствии с Договором, описывающий те Нефтяные работы, которые Оператор планирует провести в течение соответствующего периода времени, и который может включать бурение и освоение скважин с целью добычи и извлечения

Rules for Development of the Hydrocarbon Fields of Turkmenistan in the "Golden Age" of Turkmen Nation (22 October 1999)
Правила разработки углеводородных месторождений в «Золотом Веке» туркменского народа (22 октября 1999 года)

Page | Страница 27 /201

of shot holes, core holes, stratigraphic tests and Exploration Wells as contained in the annual Work Program and Budget prepared by the Operator under a Contract.

"Development Plan" means a documentary report, prepared by an Operator pursuant to a Contract, specifying those Petroleum Operations which an Operator plans to conduct during the applicable period of time and may include the drilling and completion of wells to produce and recover Petroleum or to inject fluids and the design, construction, installation, connection and initial testing of equipment, lines, systems, facilities, plants and related activities necessary for producing, taking and saving, treating, handling, storing and transporting Petroleum.

"Joint Development Plan" means a documentary report specifying those Petroleum Operations, which an Operator plans to conduct within the Joint Development Area.

"Plan" means any Exploration Plan, Appraisal Plan, or Development Plan

"Subsurface Safety Devices" means any down-hole mechanical device, which is designed to shut off well flow in the event of an emergency and may consist of either surface or subsurface controlled subsurface safety valves, an injection valve, a tubing valve, a tubing or annular subsurface safety device, and any associated valve lock or landing nipple.

"Contractor" means a Physical or Legal Person being a License Holder and having entered into a Contract with the Competent Body or the Concern pursuant to the Law.

Углеводородных ресурсов или закачки жидких и газообразных веществ, проектирование, строительство, установку, подключение и предварительное испытание оборудования, линий, систем, сооружений, установок и деятельность, необходимую для добычи, извлечения, сохранения, первичной переработки, погрузки-разгрузки, хранения и транспортировки Углеводородных ресурсов.

«План Совместной Разработки» означает документальный отчет, описывающий Нефтяные Работы, которые Оператор планирует провести в пределах Территории Совместной Разработки.

«План» означает любой План разведки, План оценки или План разработки.

«Подземные защитные устройства» означают любые внутрискважинные механические устройства, предназначенные для остановки фонтанирования скважины в экстренной ситуации. Они могут представлять собой внутрискважинные предохранительные клапаны с подземным или наземным контролем, нагнетательный клапан, гидравлическую задвижку насосно-компрессорных труб, межтрубное подземное защитное устройство и любой относящийся к ним клапанный замок или посадочный ниппель.

«Подрядчик» означает физическое или юридическое лицо, являющееся обладателем лицензии и заключившее Договор с Компетентным органом или Концерном в соответствии с Законом.

«Пресная вода» означает естественно залегающую поверхностную или подземную воду, содержащую 1000 или менее миллиграммов общих растворенных частиц (ОРЧ) на литр.

«Природный газ» – это углеводороды, находящиеся в газообразном состоянии при нормальном атмосферном давлении и температуре, попутные и не попутные к Сырой нефти газы.

Rules for Development of the Hydrocarbon Fields of Turkmenistan in the "Golden Age" of Turkmen Nation (22 October 1999)
Правила разработки углеводородных месторождений в «Золотом Веке» туркменского народа (22 октября 1999 года)

Page | Страница 28 /201

CHAPTER I – GENERAL RULES

"Fresh Water" means any naturally occurring surface or groundwater containing 1000 milligrams per liter Total Dissolved Solids (TDS) or less.

"Natural Gas" means hydrocarbons, which are in the gaseous state at normal atmospheric temperature and pressure associated or non-associated to Crude Oil.

"Commercial Production" means Production of Crude Oil or Natural Gas or both and delivery of the same at the Delivery Point under a program of regular economic production and sale.

"Produced Waste" means byproducts associated with Petroleum Operations including, but not limited to, spent drilling fluids, sludge, washing fluids, brackish water, domestic waste waters, formation waters, sand, and other substances and materials available for discharge.

"Enhanced Recovery Operations" means pressure maintenance operations, secondary and tertiary recovery, cycling, and other similar recovery operations that are likely to increase the Ultimate Economic Recovery of Petroleum.

"Exploration Well" means any well drilled during implementation of an Exploration Plan.

"Spill" means any unauthorized discharge of oil, produced water, or other fluids associated with Petroleum Operations.

"Development" means all Petroleum Operations which are conducted pursuant to a Development Plan and may include, without limitation, the drilling and completion of wells to produce and recover Petroleum or to inject fluids, and

ГЛАВА I – ОБЩИЕ ПОЛОЖЕНИЯ

«Промышленная добыча» означает добычу Сырой нефти или Природного газа, или и того и другого вместе, и их доставку в пункт доставки в соответствии с программой регулярной экономической добычи и продажи.

«Промышленные отходы» означают побочные продукты, связанные с проведением Нефтяных работ, которые включают, но не ограничиваются только этим, отработанный буровой раствор и другие буровые флюиды, шлам, промывочный раствор, солоноватую воду, бытовые стоки, пластовую воду, песок и прочие отработанные вещества и материалы.

«Работы по повышению углеводородоотдачи» означают работы по поддержанию пластового давления, использование вторичных и третичных методов добычи, закачку газа в пласт и иную подобную деятельность, которая может способствовать увеличению Конечной экономически обоснованной углеводородоотдачи.

«Разведочная скважина» означает любую скважину, пробуренную во время осуществления Плана разведки.

«Разлив» означает любой несанкционированный сброс нефти, пластовой воды и других жидких и газообразных веществ, связанных с осуществлением Нефтяных работ.

«Разработка» означает все Нефтяные работы, проводимые в соответствии с Планом разработки и включающие в себя, но не ограничивающиеся этим, бурение и освоение скважин с целью добычи и извлечения Углеводородных ресурсов или закачки жидких и газообразных веществ, проектирование, строительство, установку, подключение и предварительное испытание оборудования, линий, систем, наземных сооружений, установок и деятельность, необходимую для добычи, извлечения, сохранения, первичной переработки, погрузки-разгрузки, хранения и транспортировки Углеводородных ресурсов.

Rules for Development of the Hydrocarbon Fields of Turkmenistan in the "Golden Age" of Turkmen Nation (22 October 1999)
Правила разработки углеводородных месторождений в «Золотом Веке» туркменского народа (22 октября 1999 года)

Page | Страница 29 /201

the design, construction, installation, connection and initial testing of equipment, lines, systems, facilities, plants and related activities necessary for producing, taking and saving, treating, handling, storing and transporting Petroleum.

"Drilling Permit" means the document, other than a Contract or a License, issued by the Competent Body under which an Operator acquires the right to bore subsurface holes for the Exploration, Appraisal or Development of Petroleum.

"Abandonment Permit" means the document, other than a Contract or a License, issued by the Competent Body under which an Operator acquires the right to plug and abandon well bores.

"Completion Permit" means the document, other than a Contract or a License, issued by the Competent Body under which an Operator acquires the right to conduct operations to establish production from or inject fluids into a well after the production casing string has been set, cemented and tested.

"Workover Permit" means the document, other than a Contract or a License, issued by the Competent Body under which an Operator acquires the right to conduct any operation on a well subsequent to the initial completion that involves the re-completion of such well to a new zone.

"Discharge of Oil" means any intentional or unintentional act or omission by which oil is spilled, leaked, dumped, poured or pumped onto the land surface or into water, and an imminent pollution threat exists.

"Joint Development" means the cooperative conduct of Petroleum Operations by two or more Operators

«Разрешение на бурение» означает документ (иной, чем Договор или лицензия), выданный Компетентным органом, в соответствии с которым Оператор получает право на бурение подземных стволов в целях разведки, оценки или разработки Углеводородных ресурсов.

«Разрешение на ликвидацию» означает документ (иной, чем Договор или лицензия), выданный Компетентным органом, по которому Оператор получает право на установление ликвидационных мостов в скважине.

«Разрешение на освоение» означает документ (иной, чем Договор или лицензия), выданный Компетентным органом, по которому Оператор получает право на проведение работ по установлению добычи из скважины или закачиванию жидких и газообразных веществ в скважину после спуска, цементирования и испытания эксплуатационной обсадной колонны.

«Разрешение на ремонтные работы» означает документ (иной, чем Договор или лицензия), выданный Компетентным органом, в соответствии с которым Оператор получает право проводить любые работы на скважине после первоначального освоения, включающие повторное освоение этой скважины на новом интервале.

«Сброс нефти» означает намеренное или ненамеренное действие или ошибку, в результате которых нефть разлита, сброшена, вылита или откачана на поверхность суши или в воду, в результате чего существует неизбежная угроза загрязнения.

«Совместная разработка» означает объединенное ведение Нефтяных работ двумя или более Операторами на одной или нескольких непрерывных Залежах углеводородных ресурсов.

«Сырая нефть» – это любые углеводороды, включая извлекаемые из Природного газа дистилляты и конденсаты, находящиеся в жидком состоянии при нормальном атмосферном давлении и температуре на устье скважины или в

Rules for Development of the Hydrocarbon Fields of Turkmenistan in the "Golden Age" of Turkmen Nation (22 October 1999)
Правила разработки углеводородных месторождений в «Золотом Веке» туркменского народа (22 октября 1999 года)

Page | Страница 30 /201

with respect to a single, continuous Petroleum Reservoir(s).

"Crude Oil" means any hydrocarbons, including distillates and condensates extracted from Natural Gas, which at normal atmospheric pressure and temperature, are in liquid state at the wellhead or oil/gas separator.

"Development Area" means an area within the Contract Area encompassing the areal closure of a Petroleum bearing Reservoir(s) outlined following Appraisal and delineated in a Development Plan.

"Joint Development Area" means an area within two or more Contract or License Areas encompassing the areal closure of a Petroleum Reservoir(s) and designated as such by the Competent Body.

"Petroleum" means Crude Oil and Natural Gas as well as all components derived therefrom or produced therewith.

"Production" means every type of operation to produce Petroleum and operate Development wells, and the taking, saving, treating, handling, storing, transporting, metering, marketing and delivering of Petroleum, injection or re-injection, and every other type of operations to obtain primary and enhanced recovery of Petroleum, and transportation, storage and any other work or activities necessary or ancillary to such operations.

нефтегазовом сепараторе.

«Территория разработки» означает территорию, в пределах Договорной территории, заключающую в себе пространственно замкнутую структуру углеводородоносной Залежи (ей), которая определена по результатам оценочных работ и оконтуренной в Плане разработки.

«Территория совместной разработки» означает площадь в пределах двух или более Договорных или лицензионных территорий, расположенных вокруг углеводородной Залежи (ей), и обозначенную в качестве таковой Компетентным органом.

«Углеводородные Ресурсы» означают Сырую Нефть и Природный Газ, а также все производные или добытые вместе с ними компоненты.

«Эксплуатация» означает всякий вид деятельности по добыче Углеводородных ресурсов и эксплуатации добывающих скважин, сбор, хранение, первичную переработку, перекачку, складирование, транспортировку, измерение и доставку Углеводородных ресурсов, закачку или обратную закачку, всякий иной вид деятельности для первичной и вторичной добычи Углеводородных ресурсов, транспортировку и складирование, а также любую иную работу или деятельность как непосредственную, так и вспомогательную, при таких операциях.

Rules for Development of the Hydrocarbon Fields of Turkmenistan in the "Golden Age" of Turkmen Nation (22 October 1999)
Правила разработки углеводородных месторождений в «Золотом Веке» туркменского народа (22 октября 1999 года)

Page | Страница 31 /201

CHAPTER II – PERMITTING & BONDING

ГЛАВА II – ПОРЯДОК ВЫДАЧИ РАЗРЕШЕНИЙ И ПРЕДОСТАВЛЕНИЯ ГАРАНТИРУЮЩИХ ОБЯЗАТЕЛЬСТВ

CHAPTER II - PERMITTING & BONDING

ГЛАВА II - ПОРЯДОК ВЫДАЧИ РАЗРЕШЕНИЙ И ПРЕДОСТАВЛЕНИЯ ГАРАНТИРУЮЩИХ ОБЯЗАТЕЛЬСТВ

2.1 General Permitting Requirements

2.1.1 Submission and Approval
Except as otherwise provided in Section 1.2.3 of these Regulations, prior to commencement of any operations set forth in Section 2.2.1, 2.2.2, 2.2.3, 2.2.4, 2.2.5 or 2.2.6 of these Regulations, Operator shall file an application for a permit pursuant to the provisions of Chapters II, V and XI of these Regulations. Prior to initiating any such operation, Operator must receive written approval of the application from the Competent Body, such approval not be unreasonably withheld or delayed. The Competent Body may deny an application only by issuing in writing a denial with specific reasons stated for the denial.

If the Competent Body fails to act on an application for a permit or approval within the time period provided by these Regulations, the application shall be deemed to have been granted and the approval or permit issued accordingly. Regulations, which do not specify time periods shall be deemed to incorporate a five (5) day time period from receipt of the application for response by the Competent Body.

2.2 Specific Permitting Requirements

2.2.1 Geophysical Permit
2.2.1.1 Information Requirement
Applications for a Geophysical Permit shall include, where applicable the following information:

(i)   the method of exploration including the energy source and a description of the project and

2.1 Общие требования по выдаче разрешений

2.1.1 Предоставление и утверждение
Если иное не предусмотрено в разделе 1.2.3 настоящих Правил, перед началом любых работ, описанных в разделах 2.2.1, 2.2.2, 2.2.3, 2.2.4, 2.2.5 или 2.2.6 настоящих Правил, Оператор должен подать заявку на разрешение согласно положениям глав II, V и XI настоящих Правил. До начала любых подобных работ Оператор должен получить письменное разрешение от Компетентного органа на свою заявку, причем такое разрешение не должно быть задержано или отклонено без надлежащих причин. Компетентный орган имеет право отклонить заявку путем письменного отказа с указанием конкретной причины.

В случае, если Компетентный орган не предпримет действий в отношении заявки на разрешение или утверждения в сроки, указанные в настоящих Правилах, заявка считается одобренной и соответственно утверждение или разрешение выданными. Для Правил, в которых сроки не указаны, устанавливается пятидневный срок с момента получения заявки до ответа Компетентного органа.

2.2 Специальные требования по выдаче разрешений

2.2.1 Разрешение на геофизические работы
2.2.1.1 Требуемая информация
Заявки на разрешение на геофизические работы должны, по мере применимости, включать следующую информацию:

(i)   метод разведки, включая источник энергии и описание проекта и предлагаемых

Rules for Development of the Hydrocarbon Fields of Turkmenistan in the "Golden Age" of Turkmen Nation (22 October 1999)
Правила разработки углеводородных месторождений в «Золотом Веке» туркменского народа (22 октября 1999 года)

Page | Страница 32 /201

CHAPTER II – PERMITTING & BONDING

proposed acquisition and processing parameters,

(ii) a map showing the proposed seismic lines,

(iii) the name and permanent address of the seismic contractor,

(iv) the name and address of the seismic contractor's local agent or representative,

(v) the approximate number of source locations, approximate depth of shot holes and size of the explosive charge, and

(vi) a description of the hole plugging procedures to be used.

ГЛАВА II – ПОРЯДОК ВЫДАЧИ РАЗРЕШЕНИЙ И ПРЕДОСТАВЛЕНИЯ ГАРАНТИРУЮЩИХ ОБЯЗАТЕЛЬСТВ

параметров сбора и обработки данных,

(ii) карту с указанием предлагаемых сейсмических линий,

(iii) название и постоянный адрес подрядчика по выполнению сейсмических работ,

(iv) название и адрес местного агента или представителя подрядчика по выполнению сейсмических работ,

(v) приблизительное число источников сейсмического сигнала, приблизительная глубина сейсмических скважин и размер заряда взрывчатого вещества,

(vi) описание используемого порядка тампонирования скважин.

Rules for Development of the Hydrocarbon Fields of Turkmenistan in the "Golden Age" of Turkmen Nation (22 October 1999)
Правила разработки углеводородных месторождений в «Золотом Веке» туркменского народа (22 октября 1999 года)
Page | Страница 33 /201

2.2.1.2 Approval Procedure

Within thirty (30) days following submission of an application for a Geophysical Permit, the Competent Body shall analyze it and shall provide written notification of approval to the Operator if the application is consistent with an approved Plan, the provisions of these Regulations, the applicable Contract and the Law. In the event the operation involves the use of a seismic vessel that is working or standing by offshore in the Contract Area, the Competent Body shall provide such notification to the Operator, either in writing or by oral instructions, within twenty-four (24) hours following submission of the application.

2.2.2 Well Drilling Permit
2.2.2.1 Information Requirement

Applications for a well Drilling Permit shall include the information required by Section 5.2.1 of these Regulations and, where applicable, the information required by Section 11.5.3 of these Regulations.

2.2.2.2 Approval Procedure

The Competent Body shall review and make a determination with respect to the application in accordance with the provisions of Section 5.2.2 of these Regulations.

2.2.3 Well Completion Permit
2.2.3.1 Information Requirement

Applications for a Well Completion Permit shall include the information required by Section 5.3.1.

2.2.3.2 Approval Procedure

The Competent Body shall review and make a determination with respect to the application in accordance with the provisions of Section 5.3.2 of these Regulations or, where applicable, Section

2.2.1.2 Порядок утверждения

В течение тридцати (30) дней с момента предоставления Оператором заявки на разрешение на геофизические работы Компетентный орган должен её проанализировать и уведомить Оператора о разрешении в письменной форме в случае, если заявка находится в соответствии с утвержденным Планом, положениями настоящих Правил, соответствующего Договора и Закона. В случае если при проведении работ необходимо использовать морское сейсмическое судно, эксплуатирующееся или находящееся на Договорной территории, Компетентный орган должен уведомить Оператора о разрешении в письменной или устной форме в течение двадцати четырех (24) часов с момента подачи заявки.

2.2.2 Разрешение на бурение скважины
2.2.2.1 Требуемая информация

Заявки на разрешение на бурение скважины должны включать информацию, требуемую в разделе 5.2.1 настоящих Правил, и должны, по мере применимости, включать информацию, требуемую в разделе 11.5.3 настоящих Правил.

2.2.2.2 Порядок утверждения

Компетентный орган должен рассмотреть и принять решение относительно этой заявки в соответствии с положениями раздела 5.2.2 настоящих Правил.

2.2.3 Разрешение на освоение скважины
2.2.3.1 Требуемая информация

Заявки на разрешение на освоение скважины должны включать информацию, требуемую в разделе 5.3.1 настоящих Правил.

2.2.3.2 Порядок утверждения

Компетентный орган должен рассмотреть и принять решение относительно этой заявки в соответствии с положениями раздела 5.3.2 или, по мере применимости, раздела 5.3.3 настоящих Правил.

Rules for Development of the Hydrocarbon Fields of Turkmenistan in the "Golden Age" of Turkmen Nation (22 October 1999)
Правила разработки углеводородных месторождений в «Золотом Веке» туркменского народа (22 октября 1999 года)

Page | Страница 34 /201

5.3.3 of these Regulations.

Rules for Development of the Hydrocarbon Fields of Turkmenistan in the "Golden Age" of Turkmen Nation (22 October 1999)
Правила разработки углеводородных месторождений в «Золотом Веке» туркменского народа (22 октября 1999 года)

Page | Страница 35 /201

CHAPTER II – PERMITTING & BONDING

2.2.4 Well Workover Permit

2.2.4.1 Information Requirement

Applications for a well Workover Permit shall include the information required by Section 5.4.1 of these Regulations.

2.2.4.2 Approval Procedure

The Competent Body shall review and make a determination with respect to the application in accordance with the provisions of Section 5.4.2 of these Regulations.

2.2.5 Offshore Construction Permit

2.2.5.1 Information Requirement

Applications for the construction of new Offshore platforms or for major modifications to existing Offshore platforms shall include, where applicable, the information specified in Sections 11.8.3.1, 11.8.3.2, 11.8.3.3 and 11.8.3.4 of these Regulations.

2.2.5.2 Approval Procedure

The Competent Body shall review and make a determination with respect to the application in accordance with the provisions of Sections 6.4 and 11.8.4 of these Regulations.

2.2.6 Abandonment Permit

2.2.6.1 Information Requirement

Applications for an Abandonment Permit shall include the information required by Section 5.6.2 of these Regulations.

2.2.6.2 Approval Procedure

The Competent Body shall review and make a determination with respect to the application in accordance with the provisions of Section 5.6.3 of these Regulations.

2.3 Bonding Requirements

2.3.1 General Requirements

ГЛАВА II – ПОРЯДОК ВЫДАЧИ РАЗРЕШЕНИЙ И ПРЕДОСТАВЛЕНИЯ ГАРАНТИРУЮЩИХ ОБЯЗАТЕЛЬСТВ

2.2.4 Разрешение на капитальный ремонт скважины

2.2.4.1 Требуемая информация

Заявки на разрешение на капитальный ремонт скважины должны включать информацию, требуемую в разделе 5.4.1 настоящих Правил.

2.2.4.2 Порядок утверждения

Компетентный орган должен рассмотреть и принять решение относительно этой заявки в соответствии с положениями раздела 5.4.2 настоящих Правил.

2.2.5 Разрешение на строительство в Морской зоне

2.2.5.1 Требуемая информация

Заявки на строительство новых морских платформ или проведение крупных модификаций существующих морских платформ должны, по мере применимости, включать информацию, оговоренную в разделах 11.8.3.1, 11.8.3.2, 11.8.3.3 и 11.8.3.4 настоящих Правил.

2.2.5.2 Порядок утверждения

Компетентный орган должен рассмотреть и принять решение относительно этой заявки в соответствии с положениями разделов 6.4 и 11.8.4 настоящих Правил.

2.2.6 Разрешение на ликвидацию

2.2.6.1 Требуемая информация

Заявки на разрешение на ликвидацию должны включать информацию, требуемую в разделе 5.6.2 настоящих Правил.

2.2.6.2 Порядок утверждения

Компетентный орган должен рассмотреть и принять решение относительно этой заявки в соответствии с положениями раздела 5.6.3 настоящих Правил.

2.3 Требования по предоставлению гарантирующих обязательств

2.3.1 Общие требования

Rules for Development of the Hydrocarbon Fields of Turkmenistan in the "Golden Age" of Turkmen Nation (22 October 1999)
Правила разработки углеводородных месторождений в «Золотом Веке» туркменского народа (22 октября 1999 года)

Page | Страница 36 /201

CHAPTER II – PERMITTING & BONDING

(A) Except as otherwise provided in Section 1.2.3 of these Regulations, the Competent Body may require an Operator to furnish a bond or bonds that guarantees compliance with the obligations under a Contract and these Regulations that are related to the abandonment or decommissioning of oil or gas facilities, including the abandonment of wells, removal of platforms, restoration of any lands or surface waters adversely affected by Petroleum Operations and clearance of equipment and facilities from the Contract Area within the following period:

(i) forty-five (45) days after a proposed Development Plan is approved by the Competent Body, or

(ii) one hundred and twenty (120) days after the effective date of these Regulations for any existing Contract pursuant to which a Development Plan has been previously approved.

(B) The bond which may be required by paragraph (A) of this Section need not be submitted if:

(i) the Operator furnishes and maintains an area-wide bond in an amount agreed to by the Competent Body issued by a qualified surety and conditioned on compliance with all the terms and conditions of all Contracts held by the Operator within Turkmenistan;

(ii) the Operator is required by its Contract to establish , or the Competent Body accepts the establishment of an abandonment account in lieu of such bond

ГЛАВА II – ПОРЯДОК ВЫДАЧИ РАЗРЕШЕНИЙ И ПРЕДОСТАВЛЕНИЯ ГАРАНТИРУЮЩИХ ОБЯЗАТЕЛЬСТВ

А) Если иное не предусмотрено в разделе 1.2.3 настоящих Правил, Компетентный орган может потребовать от Оператора предоставить обязательство или обязательства, гарантирующие соблюдение обязательств по Договору и настоящим Правилам, которые относятся к ликвидации и выводу из эксплуатации нефтепромысловых сооружений, включая ликвидацию скважин, демонтаж платформ, рекультивацию любого участка земли или восстановление водной поверхности, подвергшихся негативному воздействию в результате Нефтяных работ, и устранение оборудования и сооружений с Договорной территории в течение следующего периода:

(i) сорок пять (45) дней после утверждения предложенного Плана разработки Компетентным органом,

(ii) сто двадцать дней (120) после даты вступления этих Правил в силу для любого существующего Договора, в соответствии с которым ранее утвержден План разработки.

Б) Упомянутое в пункте (А) настоящего раздела обязательство не предоставляется, если:

(i) Оператор предоставляет и удерживает в силе обязательств по всей территории на сумму, согласованную с Компетентным органом, выпущенное квалифицированным поручителем и обусловленное соблюдением положений и условий всех Договоров, по которым Оператор действует на территории Туркменистана;

(ii) в соответствии с Договором от Оператора требуется установление ликвидационного счета или Компетентный орган принимает установление ликвидационного счета в качестве замены для такого гарантирующего обязательства в соответствии с положениями раздела 2.3.3 настоящих Правил; или

Rules for Development of the Hydrocarbon Fields of Turkmenistan in the "Golden Age" of Turkmen Nation (22 October 1999)
Правила разработки углеводородных месторождений в «Золотом Веке» туркменского народа (22 октября 1999 года)

Page | Страница 37 /201

CHAPTER II – PERMITTING & BONDING

ГЛАВА II – ПОРЯДОК ВЫДАЧИ РАЗРЕШЕНИЙ И ПРЕДОСТАВЛЕНИЯ ГАРАНТИРУЮЩИХ ОБЯЗАТЕЛЬСТВ

pursuant to the provisions of Section 2.3.3 of these Regulations; or

(iii) The Competent Body accepts a third party guarantee or letter of credit in lieu of such bond pursuant to the provisions of Section 2.3.4 of these Regulations.

The bonding requirements of this Section 2.3.1 shall not include the guarantee of any work program or minimum work obligation undertaken by an Operator pursuant to the terms of any Contract.

(iii) Компетентный орган принимает гарантию или аккредитив третьей стороны в качестве замены такого обязательства в соответствии с положениями раздела 2.3.4 настоящих Правил.

Требования по обязательствам настоящего раздела не включают гарантию выполнения рабочей программы или минимальных обязательств, возложенных на Оператора в соответствии с условиями Договора.

Rules for Development of the Hydrocarbon Fields of Turkmenistan in the "Golden Age" of Turkmen Nation (22 October 1999)
Правила разработки углеводородных месторождений в «Золотом Веке» туркменского народа (22 октября 1999 года)
Page | Страница 38 /201

CHAPTER II – PERMITTING & BONDING

2.3.2 Bond Requirements

(A) Any bond or other security provided under this Chapter II shall:

(i) be payable on proof of default to the Competent Body;

(ii) guarantee compliance with all of the abandonment obligations of Operator under the Contract or Contracts; and

(iii) guarantee compliance with the abandonment obligation of all other Contractors in the Contract or Contracts unless the Contract to which it relates provides otherwise.

(B) Any bond or other security provided under this Chapter II shall be on a form or in a form approved by the Competent body. A surety, approved by the Competent Body, must issue the bonds.

(C) Bonds must be non-cancelable, except as provided in Section 2.3.5 of these Regulations.

2.3.3 Abandonment Accounts

Pursuant to a Contract, the Operator may be required to establish a Contract specific, interest bearing, abandonment account in lieu of the bond that may have otherwise been required under Section 2.3.1 of these Regulations. The account shall be opened in the joint names of the Competent Body and the Operator with a bank of recognized international standing. Funds in a Contract specific abandonment account shall be pledged to meet the Operator's abandonment and decommissioning obligations under the Contract. Any such abandonment account shall be funded by the Contractors, on a

ГЛАВА II – ПОРЯДОК ВЫДАЧИ РАЗРЕШЕНИЙ И ПРЕДОСТАВЛЕНИЯ ГАРАНТИРУЮЩИХ ОБЯЗАТЕЛЬСТВ

2.3.2 Требования к условиям гарантирующих обязательств

А) Любое обязательство или иная гарантия, предоставленная согласно настоящей главе, должны:

(i) подлежать выплате Компетентному органу при доказательстве невыполнения обязательств;

(ii) гарантировать соблюдение всех обязательств Оператора по ликвидации, вытекающих из Договора или Договоров; и

(iii)(iii) гарантировать соблюдение обязательств по ликвидации всех прочих Подрядчиков согласно Договору или Договорам, если иное не предусмотрено в Договоре, к которому они относятся.

Б) Любое обязательство, а равно и иная гарантия, предоставленная согласно настоящей главе, составляется согласно форме или заполняется по форме, одобренной Компетентным органом. Обязательства должны быть выпущены поручителем, одобренным Компетентным органом.

В) Гарантии выпускаются без права на аннулирование, за исключением случаев, предусмотренных разделом 2.3.5 настоящих Правил.

2.3.3 Ликвидационные счета

В соответствии с Договором на Оператора может быть возложено обязательство по открытию ликвидационного процентного счета по конкретному Договору вместо обязательств, которые могли потребоваться в соответствии с разделом 2.3.1 настоящих Правил. Совместный счет открывается на имя Компетентного органа и Оператора в банке с международно-признанным статусом. Средства на ликвидационном счете, открытом по конкретному Договору, должны закладываться под выполнение Оператором обязательств по ликвидации и выводу из эксплуатации, вытекающих из требований Договора. Ликвидационные счета должны финансироваться Подрядчиками на

Rules for Development of the Hydrocarbon Fields of Turkmenistan in the "Golden Age" of Turkmen Nation (22 October 1999)
Правила разработки углеводородных месторождений в «Золотом Веке» туркменского народа (22 октября 1999 года)

Page | Страница 39 /201

periodic basis over the life of the oil or gas field, in an amount, which, with interest, will be equal to the estimated field abandonment costs by the abandonment date.

In the event the provisions of a Contract related to abandonment accounts conflict with the provisions of this Section 2.3.3, the provisions of the Contract shall apply

периодической основе на протяжении срока эксплуатации нефтяного или газового месторождения в сумме, включающей проценты и равной расчетным затратам на ликвидацию месторождения на дату ликвидации.

В случае, если положения Договора, относящиеся к ликвидационным счетам, вступают в конфликт с положениями данного раздела, применяются положения Договора.

Rules for Development of the Hydrocarbon Fields of Turkmenistan in the "Golden Age" of Turkmen Nation (22 October 1999)
Правила разработки углеводородных месторождений в «Золотом Веке» туркменского народа (22 октября 1999 года)

Page | Страница 40 /201

CHAPTER II – PERMITTING & BONDING

2.3.4 Guarantees and Letters of Credit

The Competent Body, under certain circumstances, may accept a third party guarantee or parent company guarantee or letter of credit in lieu of any bond or bonds that may be required under Sections 2.3.1 of these Regulations.

2.3.5 Termination

When a surety requests termination of the period of liability under a bond, the Competent Body will terminate the period of liability and require the Operator to provide a replacement bond of equivalent value. Termination of the period of liability does not release the surety of any obligations or liabilities that accrue prior to the effected date of termination.

Cancellation or release of a bond may include obligations that accrue before the effective date of the cancellation if (i) the Competent Body determines that there are no remaining abandonment obligations, or (ii) the Operator furnishes a replacement bond, which assumes all abandonment liabilities under the bond that is to be cancelled.

2.3.6 Forfeiture

The Competent Body will call for forfeiture of all or part of the bond, guarantee, or other form of security if:

(i)   Operator refuses, or the Competent Body determines that Operator is unable to comply with any material term or condition of a Contract to which it relates; or

(ii)   Operator defaults under one of the conditions under which the bond, guarantee or other form of security was accepted.

ГЛАВА II – ПОРЯДОК ВЫДАЧИ РАЗРЕШЕНИЙ И ПРЕДОСТАВЛЕНИЯ ГАРАНТИРУЮЩИХ ОБЯЗАТЕЛЬСТВ

2.3.4 Гарантии и аккредитивы

При определенных обстоятельствах Компетентный орган имеет право принять гарантию или аккредитив от третьей стороны или материнской компании вместо обязательства или обязательств, которые могут потребоваться согласно разделу 2.3.1 настоящих Правил.

2.3.5 Прекращение действия

В случаях, когда поручитель запрашивает о прекращении срока действия долга по выпущенному гарантирующему обязательству, Компетентный орган прекращает срок действия таких обязательств и требует от Оператора предоставления замещающего гарантирующего обязательства на эквивалентную сумму. Прекращение срока действия долга не освобождает поручителя от обязательств или задолженности, срок выполнения которых наступил до установленной даты прекращения действия обязательства.

Аннулирование или выпуск гарантирующего обязательства может включать в себя обязательства, которые подлежали выполнению до установленной даты аннулирования, если (i) Компетентный орган определяет, что оставшихся ликвидационных обязательств нет; или (ii) Оператор предоставляет замещающее гарантирующее обязательство, включающее все не выполненные по аннулируемой гарантии обязательства.

2.3.6 Востребование суммы по гарантирующему обязательству

Компетентный орган заявляет о востребовании всей или части обязательства или иной формы гарантии, если:

(i)   Оператор выражает отказ от выполнения либо Компетентный орган определяет, что Оператор не в состоянии выполнить какое-либо существенное положение или условие Договора, к которому они относятся; или

(ii)   Оператор не выполняет одного из условий, оговоренных при принятии обязательства или иной формы гарантии.

Rules for Development of the Hydrocarbon Fields of Turkmenistan in the "Golden Age" of Turkmen Nation (22 October 1999)
Правила разработки углеводородных месторождений в «Золотом Веке» туркменского народа (22 октября 1999 года)

Page | Страница 41 /201

CHAPTER II – PERMITTING & BONDING

ГЛАВА II – ПОРЯДОК ВЫДАЧИ РАЗРЕШЕНИЙ И ПРЕДОСТАВЛЕНИЯ ГАРАНТИРУЮЩИХ ОБЯЗАТЕЛЬСТВ

The Competent Body will notify the Operator, the surety and any third party guarantor in writing of any determination to call for forfeiture the bond, guarantee or other form of security. The notice will include the reason for forfeiture and amount to be forfeited. The amount to be forfeited will be based on an estimate of the total cost of corrective action to bring the Contact into compliance. The notice will provide for the avoidance of forfeiture if, within 10 working days, either the Operator, guarantor, or surety agree to bring the Contract into compliance within a timeframe specified by the Competent Body.

If the Competent Body determines that the bond or other security is forfeited, the Competent Body will collect the forfeited amount, and use the funds to bring the Contract into compliance and to correct any default.

If the amount collected under the bond or other security is insufficient to pay the full cost of corrective action, the Competent body may take action to obtain full compliance with the Contract, and recover from the Operator, guarantor, or other owner of contractual rights in the Contract all costs in excess of the amount collected under the forfeiture.

If the amount collected under the forfeited bond or security exceeds the cost of taking corrective action and obtaining compliance the terms and conditions of the Contract, the Competent Body will return the excess funds to the party from whom they were collected.

2.4 Miscellaneous Provisions

2.4.1 Expiration

Компетентный орган уведомляет в письменной форме Оператора, поручителя, а также возможную третью сторону-гаранта о решении востребовать сумму по обязательству или иной форме гарантии. Уведомление должно содержать причину востребования и сумму. Сумму по востребованию устанавливают на основе общей расчетной стоимости корректировочных действий, направленных на выполнение условий Договора. Уведомление должно устанавливать возможность для избежания востребования, если в течение 10 рабочих дней Оператор, гарант, или поручитель соглашаются на выполнение условий Договора в пределах времени, установленного Компетентным органом.

Если Компетентный орган принимает решение о том, что обязательство или иная гарантия подлежат востребованию, Компетентный орган инкассирует востребованную сумму и использует эти средства для исполнения Договора и исправления последствий невыполненных обязательств.

В случае, если инкассированная сумма обязательства или иной гарантии недостаточна для полной оплаты корректировочных действий, Компетентный орган имеет право предпринять действия для достижения полного соблюдения условий Договора и получить от Оператора, гаранта либо иного владельца договорных прав по Договору полную стоимость, превышающую сумму, инкассированную по гарантии.

В случае, если сумма, инкассированная по обязательству или иной гарантии, превысит сумму корректировочных действий и действий для достижения соблюдения всех положений и условий Договора, Компетентный орган возвращает избыточные средства той стороне, от которой они были получены.

2.4 Прочие требования

2.4.1 Истечение срока действия

Rules for Development of the Hydrocarbon Fields of Turkmenistan in the "Golden Age" of Turkmen Nation (22 October 1999)
Правила разработки углеводородных месторождений в «Золотом Веке» туркменского народа (22 октября 1999 года)

Page | Страница 42 /201

CHAPTER II – PERMITTING & BONDING	ГЛАВА II – ПОРЯДОК ВЫДАЧИ РАЗРЕШЕНИЙ И ПРЕДОСТАВЛЕНИЯ ГАРАНТИРУЮЩИХ ОБЯЗАТЕЛЬСТВ

If work relating to the activity permitted pursuant to this Chapter II is not commenced within one (1) year from the date the permit is issued, the permit shall become null and void. Any period during which the Operator is subject to Force Majeure, as defined in its Contract, shall not count towards the time period specified herein.

2.4.2 Where to File

All permit applications listed in this Chapter II should be mailed or delivered to: The Competent Body, 53 Azady Street, Ashgabat, Turkmenistan 744000.

Если работы, относящиеся к деятельности, допускаемой в настоящей главе, не начаты в течение одного (1) года с даты выдачи разрешения, такое разрешение теряет юридическую силу. Любой период, в течение которого Оператор подвергается форс-мажорным обстоятельствам, как это определено в Договоре, не включается в период времени, определенный в настоящем разделе.

2.4.2 Адрес для подачи Заявок

Заявки на получение всех разрешений отправляются по почте либо доставляются по адресу: 744000 Туркменистан, г. Ашхабад, ул. Азади, 53, Компетентный орган.

Rules for Development of the Hydrocarbon Fields of Turkmenistan in the "Golden Age" of Turkmen Nation (22 October 1999)
Правила разработки углеводородных месторождений в «Золотом Веке» туркменского народа (22 октября 1999 года)

Page | Страница 43 /201

CHAPTER III - EXPLORATION PLAN

3.1 General Requirements

3.1.1 Conduct of Operations
Operator shall conduct all Petroleum Operations relating to exploration in accordance with an approved Exploration Plan, these Regulations and the Law.

3.1.2 Standard of Care
An Exploration Plan shall be developed and implemented with due regard for, and in compliance with, International Oil-Field Practice.

3.2 Submission of Exploration Plans

3.2.1 Submission and Approval
Except as otherwise provided in Section 1.2.4 of these Regulations prior to undertaking any activities pursuant to a proposed Exploration Plan, such Exploration Plan must be submitted to, and approved by, the Competent Body pursuant to these Regulations or the Contract.

3.2.2 Initial Exploration Plan
The first Exploration Plan under any Contract in relation to the period from the effective date of the Contract to the end of the relevant Calendar Year shall be submitted to the Competent Body within forty-five (45) days after the effective date of such Contract or such other period as the Contract provides. In the event the effective date of such Contract falls in the second semester of such Calendar Year, the first Exploration Plan shall cover the period from the effective date to the end of the next succeeding Calendar Year.

3.2.3 Annual Exploration Plan
So long as any Exploration License issued to an Operator remains in force, at least ninety (90) days prior to the beginning of each Calendar Year, such

ГЛАВА III - ПЛАН РАЗВЕДКИ

3.1 Общие требования

3.1.1 Ведение работ
Оператор должен осуществлять все Нефтяные работы, относящиеся к разведке в соответствии с утвержденным Планом разведки, настоящими Правилами и Законом.

3.1.2 Критерий разработки
План разведки должен разрабатываться и осуществляться с учетом и в соответствии с Международной нефтепромысловой практикой.

3.2 Представление Плана разведки

3.2.1 Представление и утверждение
Если иное не предусмотрено в разделе 1.2.4 настоящих Правил, прежде чем приступить к выполнению работ в соответствии с предложенным Планом разведки, этот План разведки должен быть представлен Компетентному органу и утвержден им в соответствии с настоящими Правилами или Договором.

3.2.2 Первоначальный План разведки
Первоначальный План разведки в соответствии с Договором на период с даты вступления в силу Договора до конца соответствующего Календарного года должен быть представлен Компетентному органу в течение сорока пяти (45) дней после даты вступления в силу этого Договора или иного периода, предусмотренного Договором. В случае, если дата вступления в силу этого Договора приходится на второе полугодие Календарного года, то первоначальный План разведки должен включать период с даты вступления Договора в силу до конца следующего Календарного года.

3.2.3 Годовой План разведки
До тех пор, пока Лицензия на разведку, выданная Оператору, остается в силе, за 90 (девяносто) дней до начала каждого Календарного года Оператор должен подготовить и представить

Rules for Development of the Hydrocarbon Fields of Turkmenistan in the "Golden Age" of Turkmen Nation (22 October 1999)
Правила разработки углеводородных месторождений в «Золотом Веке» туркменского народа (22 октября 1999 года)

Page | Страница 44 /201

CHAPTER III – EXPLORATION PLAN

Operator shall prepare and submit to the Competent Body for its review and approval, an Exploration Plan, setting forth the Petroleum Operations which Operator proposes to carry out in the ensuing Calendar Year.

ГЛАВА III – ПЛАН РАЗВЕДКИ

Компетентному органу на рассмотрение и утверждение План разведки, определяющий виды Нефтяных работ, которые Оператор планирует провести в следующем Календарном году.

Rules for Development of the Hydrocarbon Fields of Turkmenistan in the "Golden Age" of Turkmen Nation (22 October 1999)
Правила разработки углеводородных месторождений в «Золотом Веке» туркменского народа (22 октября 1999 года)

Page | Страница 45 /201

CHAPTER III – EXPLORATION PLAN

3.3 Plan Information

3.3.1 Mandatory Information
Except as otherwise provided in Section 1.2.3 of these Regulations, all proposed Exploration Plans shall include, but not be limited to, the following:

a) a description of the work to be performed during the applicable period, including the sequencing of activities, a time schedule for performance each major activity from commencement to completion, and description of any known operational hazards which are likely to be encountered;

b) an estimate of the costs to be incurred in performing each activity proposed in the Exploration Plan and a time schedule which estimates the timing of such costs;

c) an Environmental Impact Assessment as described in Section 9.2.2 of these Regulations which shall include only new and revised data based on known Petroleum Operations to be undertaken in the following year;

d) a Safety and Health Plan as described in Chapter X of these Regulations which shall include only new and revised data;

e) a description of the facilities to be used to support the Exploration program;

f) Environmental Protection Plan as described in Section 9.2.6 of these Regulations, which shall include only new and revised data.

3.3.2 Technical and Geologic Information
All proposed Exploration Plans, where

ГЛАВА III – ПЛАН РАЗВЕДКИ

3.3 Содержание Плана разведки

3.3.1 Обязательная информация
Если иное не предусмотрено в разделе 1.2.3 настоящих Правил, все предлагаемые Планы разведки должны включать, но не ограничиваться этим, следующую информацию:

а) описание всей деятельности, осуществляемой в течение соответствующего периода, включая последовательность работ, график выполнения всех основных видов работ от их начала до завершения и описание известных эксплуатационных осложнений, которые могут произойти;

б) смету затрат на выполнение каждого вида работ в соответствии с Планом разведки и график предполагаемого произведения этих затрат;

в) отчет об оценке воздействия на окружающую среду, как описано в разделе 9.2.2 настоящих Правил, в который должны входить только новые и пересмотренные данные на основании известных Нефтяных работ, которые будут осуществлены в течение следующего года;

г) план по технике безопасности и охране здоровья, как описано в главе Х настоящих Правил, в который должны входить только новые и пересмотренные данные;

д) описание всех сооружений, предназначенных для выполнения Плана разведки;

е) план по охране окружающей среды, как описано в разделе 9.2.6 настоящих Правил, в который должны входить только новые и пересмотренные данные.

3.3.2 Техническая и геологическая информация
Все предлагаемые Планы разведки должны включать, по мере приемлемости, следующую

Rules for Development of the Hydrocarbon Fields of Turkmenistan in the "Golden Age" of Turkmen Nation (22 October 1999)
Правила разработки углеводородных месторождений в «Золотом Веке» туркменского народа (22 октября 1999 года)

Page | Страница 46 /201

applicable, shall include the following technical and geological information if available:

a) data concerning the presence of hydrogen sulfide (H2S) and the precautionary measures as described in Section 10.5.2.2 of these Regulations;

b) a narrative description of the geology and geophysics related to each prospect;

c) a description of the approximate location of each exploratory well, including surface location, bottom hole location and proposed total well depth;

d) structure maps drawn to the top of each prospective hydrocarbon accumulation showing the approximate surface and bottom hole location of each proposed well;

e) a generalized stratigraphic column from the surface to total depth for each well location, and intervals of core sampling if applicable;

f) a plat indicating existing seismic lines in the area;

g) interpreted, and if appropriate, migrated seismic lines intersecting at or near each well location;

h) a time versus depth chart based on the appropriate velocity analysis in the area of interpretation; and

i) interpreted seismic sections which intersect, at or near, the proposed well location(s) which depict the location, path and proposed depth of each well, and all prospective formations.

техническую и геологическую информацию при ее наличии:

а) данные о наличии сероводорода (H2S) и меры безопасности, как описано в разделе 10.5.2.2 настоящих Правил;

б) описание геологических и геофизических условий каждой структуры;

в) описание предполагаемого размещения каждой разведочной скважины, с указанием месторасположения забоя, устья и проектной глубины;

г) структурные карты, отображающие местоположение перспективной залежи углеводородов, с указанием примерного нахождения устья и забоя каждой предлагаемой скважины;

д) обобщенный стратиграфический разрез от устья до конечной глубины для каждой точки расположения скважины, включая информацию об интервалах отбора керна при необходимости;

е) план поверхностных и подземных работ с указанием сейсмического профиля территории;

ж) интерпретированные мигрирующие сейсмические линии, по мере приемлемости, пересекающиеся в точке расположения скважины или рядом с ней;

з) вертикальные годографы, основанные на анализе скоростей участка интерпретации;

и) интерпретированные сейсмические разрезы, пересекающиеся рядом или в предлагаемом месторасположении скважин(ы) и демонстрирующие расположение, трассу и проектную глубину каждой скважины и всех перспективных пластов.

Rules for Development of the Hydrocarbon Fields of Turkmenistan in the "Golden Age" of Turkmen Nation (22 October 1999)
Правила разработки углеводородных месторождений в «Золотом Веке» туркменского народа (22 октября 1999 года)

Page | Страница 47 /201

3.4 Approval Procedure

3.4.1 Determination

Except as otherwise provided in Section 1.2.3 & 1.2.4 of these Regulations, within 30 days of submission of a proposed Exploration Plan by the Operator, or such other period as the Contract provides, the Competent Body shall analyze it and shall accomplish one of the following:

a) approve the Exploration Plan,

b) require the Operator to modify any Exploration Plan which is inconsistent with the provisions of these Regulations, the applicable Contract, the Law or other Turkmenistan legislation dealing with air quality, environmental matters, or safety and health requirements, or

c) reject if the Competent Body determines that a proposed activity would be likely to cause serious harm or damage to life, property, natural resources or the environment, and that the proposed activities cannot be modified to avoid such effect(s).

3.4.2 Modification or Rejection

The Competent Body shall notify the Operator in writing of the reason or reasons for requiring modification or rejection of an Exploration Plan. In the event an Exploration Plan requires modification, the Competent Body shall specify in writing the conditions that must be met in order for the Exploration Plan to be approved.

3.4.3 Resubmission of Modified Plan

The Operator may resubmit an Exploration Plan, as modified, to the

3.4 Порядок утверждения

3.4.1 Порядок

Если иное не предусмотрено в разделах 1.2.3 и 1.2.4 настоящих Правил, в течение тридцати (30) дней с момента представления Оператором предлагаемого Плана разведки или иного периода времени, предусмотренного Договором, Компетентный орган должен его проанализировать и принять одно из следующих решений:

а) утвердить Плана разведки,

б) представить Оператору требование о внесение изменений в любой План разведки, который противоречит положениям настоящих Правил, соответствующего Договора, Закона или других законодательных актов Туркменистана, регулирующих вопросы качества атмосферного воздуха, охраны окружающей среды, требования по охране здоровья и технике безопасности,

в) отклонить Плана разведки, если Компетентный орган установил, что предложенные действия могут явиться серьезной угрозой и представлять опасность для жизни, собственности, природных ресурсов или окружающей среды, и что предложенные действия невозможно изменить для того, чтобы избежать подобного воздействия.

3.4.2 Изменение или отклонение Плана разведки

Компетентный орган должен известить Оператора в письменной форме о причине (причинах) необходимости изменения или отклонения Плана разведки. Если в Плане разведки требуются изменения, то Компетентный орган должен в письменной форме определить те условия, которые должны быть выполнены Оператором для того, чтобы План разведки был утвержден.

3.4.3 Повторное представление Плана разведки

Оператор может повторно представить измененный План разведки на рассмотрение

Rules for Development of the Hydrocarbon Fields of Turkmenistan in the "Golden Age" of Turkmen Nation (22 October 1999)
Правила разработки углеводородных месторождений в «Золотом Веке» туркменского народа (22 октября 1999 года)

Page | Страница 48 /201

Competent Body in the same manner as the original Exploration Plan. Only information related to the proposed modifications needs to be resubmitted. The Competent Body shall approve, require further modification or reject the resubmitted Exploration Plan based upon the criteria in Section 3.4.1 of these Regulations within thirty (30) days of the resubmission date.

Компетентного органа в соответствии порядком представления первоначального Плана разведки. Повторно необходимо представить только информацию по предложенным изменениям. Компетентный орган утверждает, требует дальнейших изменений или отклоняет повторно представленный План разведки, исходя из критериев, перечисленных в разделе 3.4.1 настоящих Правил, в течение тридцати (30) дней с даты повторного представления.

Rules for Development of the Hydrocarbon Fields of Turkmenistan in the "Golden Age" of Turkmen Nation (22 October 1999)
Правила разработки углеводородных месторождений в «Золотом Веке» туркменского народа (22 октября 1999 года)

Page | Страница 49 /201

3.4.4 Change of Conditions

An Exploration Plan which has been rejected pursuant to Section 3.4.1 (b) or (c) of these Regulations may be resubmitted without modification in the event there is a change of conditions related to the inconsistency or activity which caused it to be rejected. The Competent Body shall approve, require further modification or reject the resubmitted Exploration Plan based upon the criteria in Section 3.4.1 of these Regulations within thirty (30) days of the resubmission date.

3.4.5 Amendments

By providing written notice to the Competent Body, Operator may propose amendments to approved Exploration Plans, provided such amendments are consistent with the provisions of these Regulations, the applicable Contract, and the Law. Any notice given pursuant to this Section 3.4.5 shall state the reasons why, in the opinion of the Operator, an amendment is necessary or desirable. The Competent Body shall approve, require modification or reject the proposed amendments based upon the criteria in Section 3.4.1 of these Regulations within thirty (30) days of the submission date.

3.4.6 Emergency Action

In the event of emergency involving possible danger to human lives, property or the environment, Operator shall undertake all reasonable actions and incur all reasonable expense as may be required to mitigate such danger whether or not such action or expense is included in an approved Exploration Plan. Operator shall promptly inform the Competent Body of such actions and expenses incurred.

3.5 Reporting Requirements

3.4.4 Изменение условий

План разведки, который ранее был отклонен в соответствии с разделом 3.4.1(б) или (в) настоящих Правил, может быть повторно представлен без внесения изменений, если произошло изменение в условиях, связанных с несоответствием или деятельностью, по причине которых План разведки был отклонен. Компетентный орган утверждает, требует дальнейших изменений или отклоняет повторно представленный План разведки, исходя из критериев, перечисленных в разделе 3.4.1 настоящих Правил, в течение тридцати (30) дней с даты повторного представления.

3.4.5 Поправки

Посредством представления письменного уведомления Компетентному органу Оператор может предложить поправки к утвержденному Плану разведки при условии, что эти поправки соответствуют положениям настоящих Правил, соответствующего Договора и Закона. В любом уведомлении, представленном в соответствии с данным разделом, Оператором должны обосновываться причины необходимости внесения изменений. Компетентный орган утверждает, требует дальнейших изменений или отклоняет предлагаемые изменения, исходя из критериев, перечисленных в разделе 3.4.1 настоящих Правил, в течение тридцати (30) дней с даты повторного представления.

3.4.6 Действия в экстренной ситуации

В случае возникновения экстренной ситуации, представляющей потенциальную опасность для человеческой жизни, собственности или окружающей среды, Оператор должен предпринять все необходимые действия и понести все обоснованные затраты, которые могут потребоваться для уменьшения такой опасности, независимо от того, включены ли такие действия или затраты в утвержденный План разведки. Оператор должен своевременно уведомить Компетентный орган о таких действиях или затратах.

3.5 Требования по отчетности

Rules for Development of the Hydrocarbon Fields of Turkmenistan in the "Golden Age" of Turkmen Nation (22 October 1999)
Правила разработки углеводородных месторождений в «Золотом Веке» туркменского народа (22 октября 1999 года)

Page | Страница 50 /201

3.5.1 Records

Operator shall prepare and maintain full and complete records of all Petroleum Operations, which are conducted under an approved Exploration Plan, and shall deliver to the Competent Body all such information and reports which are required by these Regulations including, without limitation, Chapter XII hereof, the Law or the provisions of any Contract.

3.5.1 Отчетность

Оператор должен составлять и вести требуемую отчетность по всем Нефтяным работам, выполняемым в соответствии с утвержденным Планом разведки, и представлять эту информацию и отчеты в Компетентный орган в соответствии с требованиями, предусмотренными в данных Правилах, включая главу XII, но не ограничиваясь ею, а также согласно Закону и положениям любого Договора.

Rules for Development of the Hydrocarbon Fields of Turkmenistan in the "Golden Age" of Turkmen Nation (22 October 1999)
Правила разработки углеводородных месторождений в «Золотом Веке» туркменского народа (22 октября 1999 года)

Page | Страница 51 /201

CHAPTER IV - APPRAISAL PLAN

4.1 General Requirements

4.1.1 Conduct of Operations
Operator shall conduct all Petroleum Operations relating to Appraisal in accordance with an approved Appraisal Plan and these Regulations.

4.1.2 Standard of Care
An Appraisal Plan shall be developed and implemented with due regard for, and in compliance with, International Oil-Field Practice.

4.2 Submission of Appraisal Plans

4.2.1 Notice of Discovery of Petroleum
Within thirty (30) days following a Discovery of Petroleum and, when necessary, the completion of the well testing program, Operator shall provide written notification to the Competent Body of such Discovery and shall include all available information related thereto, including a summary report analyzing such information and the particulars of the well testing program, which has been undertaken.

4.2.2 Commerciality
Promptly after completion of the well-testing program, Operator shall notify the Competent Body of its determination as to whether (i) the Discovery is a Commercial Discovery, (ii) Appraisal is necessary to determine if the Discovery is a Commercial Discovery, (iii) the Discovery is not a Commercial Discovery and Appraisal is not warranted, or (iv) the Discovery may, together with any other Discovery within the Contract Area, be capable of constituting a Commercial Discovery.

4.2.3 Submission and Approval of

ГЛАВА IV - ПЛАН ОЦЕНКИ

4.1 Общие требования

4.1.1 Ведение работ
Оператор должен осуществлять все Нефтяные работы, относящиеся к оценке, в соответствии с утвержденным Планом оценки и настоящими Правилами.

4.1.2 Критерий разработки
План оценки должен разрабатываться и осуществляться с учетом и в соответствии с Международной нефтепромысловой практикой.

4.2 Представление Плана оценки

4.2.1 Уведомление об Обнаружении Углеводородных ресурсов
В течение тридцати (30) дней с момента Обнаружения Углеводородных ресурсов и завершения программы испытания скважин (где это необходимо) Оператор должен представить Компетентному органу письменное уведомление о таком Обнаружении, а также всю доступную информацию по этому Обнаружению, включая обобщающий отчет с анализом этой информации и подробное описание выполненной программы испытания скважин.

4.2.2 Промышленное значение
По завершению выполнения программы испытания скважин Оператор должен незамедлительно представить Компетентному органу свое заключение относительно того, что: (i) Обнаружение является Обнаружением промышленного значения, (ii) необходима программа оценки для установления является ли данное Обнаружение Обнаружением промышленного значения, (iii) Обнаружение не является Обнаружением промышленного значения и программа оценки не требуется, или (iv) Обнаружение совместно с другим Обнаружением на Договорной территории может иметь промышленное значение.

4.2.3 Представление и утверждение Плана оценки

Rules for Development of the Hydrocarbon Fields of Turkmenistan in the "Golden Age" of Turkmen Nation (22 October 1999)
Правила разработки углеводородных месторождений в «Золотом Веке» туркменского народа (22 октября 1999 года)

Page | Страница 52 /201

CHAPTER IV – APPRAISAL PLAN

ГЛАВА IV – ПЛАН ОЦЕНКИ

<u>Appraisal Plan</u>

In the event of a determination under 4.2.2 (ii) above, Operator shall, promptly after the technical and economic evaluation relating to such Discovery is completed, submit a proposed Appraisal Plan to the Competent Body for approval. Prior to undertaking activities pursuant to a proposed Appraisal Plan, the Competent Body pursuant to these Regulations and the applicable provisions of the Law and any Contract must approve such Appraisal Plan.

В случае представления заключения по параграфу 4.2.2 (ii) Оператор после проведения технической и экономической оценки данного Обнаружения должен незамедлительно представить предлагаемый План оценки в Компетентный орган на утверждение. Прежде чем приступать к выполнению работ в соответствии с предложенным Планом оценки, этот План должен быть утвержден Компетентным органом в соответствии с настоящими Правилами и соответствующими положениями Закона и любого Договора.

Rules for Development of the Hydrocarbon Fields of Turkmenistan in the "Golden Age" of Turkmen Nation (22 October 1999)
Правила разработки углеводородных месторождений в «Золотом Веке» туркменского народа (22 октября 1999 года)

Page | Страница 53 /201

CHAPTER IV – APPRAISAL PLAN

4.3 Plan Information

4.3.1 Mandatory Information

Except as otherwise provided in Section 1.2.3 of these Regulations, all proposed Appraisal Plans shall include, but not be limited to, the following:

(a) description of the work to be performed during each phase of the Appraisal Plan, including the sequencing of activities, a time schedule for performance of each major activity from commencement to completion, and an analysis of surface and subsurface hazards which are likely to be encountered;

(b) a description of the approximate location of each Appraisal Well, including surface location, bottom hole location and proposed total well depth;

(c) an estimate of the costs to be incurred in performing each activity proposed in the Appraisal Plan and a time schedule which estimates the timing of such costs;

(d) an Environmental Impact Assessment as described in Section 9.2.2 of these Regulations which shall include only new or revised data;

(e) a Safety and Health Plan as described in Chapter X of these Regulations which shall include only new and revised data;

(f) an Environmental Protection Plan, including a Spill Contingency Plan as described in Section 9.2.6 and 9.4.3 of these Regulations which shall include only new and revised data;

ГЛАВА IV – ПЛАН ОЦЕНКИ

4.3 Содержание Плана оценки

4.3.1 Обязательная информация

Если иное не предусмотрено в разделе 1.2.3 настоящих Правил, все предлагаемые Планы оценки должны включать, но не ограничиваться только этим, следующую информацию:

а) описание всей деятельности, осуществляемой в течение каждого этапа Плана оценки, включая последовательность работ, график выполнения всех основных видов работ от их начала до завершения и анализ возможных осложнений на поверхности и под землёй;

б) описание предполагаемого размещения каждой Оценочной скважины, с указанием месторасположения забоя, устья и проектной глубины;

в) смета затрат на выполнение каждого вида работ в соответствии с Планом оценки и график произведения этих затрат;

г) отчет об оценке воздействия на окружающую среду, как описано в разделе 9.2.2 настоящих Правил, в который должны входить только новые или пересмотренные данные;

д) план по технике безопасности и охране здоровья, как описано в главе X настоящих Правил, в который должны входить только новые и пересмотренные данные;

е) план по охране окружающей среды, включающий план ликвидации Разливов, как описано в разделах 9.2.6 и 9.4.3 настоящих Правил, в который должны входить только новые и пересмотренные данные;

ж) описание всех сооружений, предназначенных для выполнения Плана оценки;

з) описание бурового станка и оборудования для проведения работ;

и) описание программы бурения, включая список буровых растворов и информацию об

Rules for Development of the Hydrocarbon Fields of Turkmenistan in the "Golden Age" of Turkmen Nation (22 October 1999)
Правила разработки углеводородных месторождений в «Золотом Веке» туркменского народа (22 октября 1999 года)

Page | Страница 54 /201

(g) a description of the facilities to be used to support the Appraisal Plan;

(h) a description of a drilling rig and other equipment to be used;

(i) a description of the drilling program, including a list of drilling fluids, and information on the expected amounts and rates of drilling fluid and cutting discharges, and method of disposal; and

(j) data concerning the presence of hydrogen sulfide (H2S) and the precautionary measures as described in Section 10.5.2.2 of these Regulations.

ожидаемых объемах, расходе бурового раствора и бурового шлама, а также метода утилизации;

к) данные о наличии сероводорода (H2S) и меры безопасности, как описано в разделе 10.5.2.2 настоящих Правил.

Rules for Development of the Hydrocarbon Fields of Turkmenistan in the "Golden Age" of Turkmen Nation (22 October 1999)
Правила разработки углеводородных месторождений в «Золотом Веке» туркменского народа (22 октября 1999 года)

Page | Страница 55 /201

4.4 Approval Procedure

4.4 Порядок утверждения

4.4.1 Determination

Except as otherwise provided in Sections 1.2.3 & 1.2.4 of these Regulations within 30 days of submission of a proposed Appraisal Plan by the Operator, or such other period as the Contract provides, the Competent Body shall analyze it, make an appropriate decision and notify the Operator in writing of its decision to and shall accomplish one of the following:

(a) approve the Appraisal Plan;

(b) require the Operator to modify the Appraisal Plan as the result of an inconsistency with the provisions of these Regulations, the applicable Contract, the Law or other Turkmenistan legislation dealing with air quality, environmental matters, or safety and health requirements; or

(c) reject the Appraisal Plan as a result of a determination of the Competent Body that a proposed activity would be likely to cause serious harm or damage to life, property, natural resources or the environment, and that the proposed activities cannot be modified to avoid such effect(s).

4.4.2 Modification or Rejection

The Competent Body shall include in the notice required by Section 4.4.1 of these Regulations the reason or reasons for requiring modification or rejection of an Appraisal Plan. In the event an Appraisal Plan requires modification, the Competent Body shall specify the conditions that must be met in order for the Appraisal Plan to be approved.

4.4.3 Resubmission of Modified Plan

The Operator may resubmit a modified

4.4.1 Порядок

Если иное не предусмотрено в разделах 1.2.3 и 1.2.4 настоящих Правил, в течение тридцати (30) дней с момента представления Оператором предлагаемого Плана оценки или иного периода времени, предусмотренного Договором, Компетентный орган должен его проанализировать, принять соответствующее решение и уведомить Оператора в письменной форме о своем решении и принять одно из следующих решений:

а) утвердить План оценки;

б) потребовать от Оператора внести изменения в План оценки, если его положения не соответствуют положениям настоящих Правил, соответствующего Договора, Закона или других законодательных актов Туркменистана, регулирующих вопросы качества атмосферного воздуха, охраны окружающей среды, требования по охране здоровья и технике безопасности;

в) отклонить План оценки, если Компетентным органом установлено, что предложенные действия могут явиться серьезной угрозой и представлять опасность для жизни, собственности, природных ресурсов или окружающей среды, и что предложенные действия невозможно изменить во избежание такого воздействия.

4.4.2 Изменение или отклонение Плана оценки

Компетентный орган должен включить в уведомление в соответствии с разделом 4.4.1 настоящих Правил причину или причины необходимости изменения или отклонения Плана оценки. Если в Плане оценки требуются изменения, то Компетентный орган должен определить те условия, которые должны быть выполнены Оператором для того, чтобы План оценки был утвержден.

4.4.3 Повторное представление Плана оценки

Оператор может повторно представить

Rules for Development of the Hydrocarbon Fields of Turkmenistan in the "Golden Age" of Turkmen Nation (22 October 1999)
Правила разработки углеводородных месторождений в «Золотом Веке» туркменского народа (22 октября 1999 года)

Page | Страница 56 /201

CHAPTER IV – APPRAISAL PLAN

Appraisal Plan to the Competent Body pursuant to the provisions of this Chapter IV. Only information related to the proposed modifications needs to be resubmitted. The Competent Body shall approve, require further modification or reject the resubmitted Appraisal Plan based upon the criteria in Section 4.4.1 of these Regulations within thirty (30) days of the resubmission date.

ГЛАВА IV – ПЛАН ОЦЕНКИ

измененный План оценки на рассмотрение Компетентного органа в соответствии с положениями данной главы. Необходимо повторно представить только информацию по предложенным изменениям. Компетентный орган утверждает, требует дальнейших изменений или отклоняет повторно представленный План оценки, исходя из критериев, перечисленных в разделе 4.4.1 настоящих Правил, в течение тридцати (30) дней с даты повторного представления.

Rules for Development of the Hydrocarbon Fields of Turkmenistan in the "Golden Age" of Turkmen Nation (22 October 1999)
Правила разработки углеводородных месторождений в «Золотом Веке» туркменского народа (22 октября 1999 года)

Page | Страница 57 /201

4.4.4 Change of Conditions

An Appraisal Plan, which has been rejected pursuant to Section 4.4.1 (b) or (c) of these Regulations may be resubmitted without modification in the event there is a change of conditions related to the inconsistency or activity which caused it to be rejected. The Competent Body shall approve, require further modification or reject the resubmitted Appraisal Plan based upon the criteria in Section 4.4.1 of these Regulations within thirty (30) days of the resubmission date.

4.4.5 Amendments

By providing written notice to the Competent Body, Operator may propose amendments to approved Appraisal Plans, provided such amendments are consistent with the provisions of these Regulations, the applicable Contract, and the Law. Any notice given pursuant to this Section 4.4.5 shall state the reasons why, in the opinion of the Operator, an amendment is necessary or desirable. The Competent Body shall approve, require modification or reject the proposed amendments based upon the criteria in Section 4.4.1 of these Regulations within thirty (30) days of the submission date.

4.4.6 Emergency Action

In the event of emergency involving possible danger to human lives, property or the environment, Operator shall undertake all reasonable actions and incur all reasonable expense as may be required to mitigate such danger whether or not such action or expense is included in an approved Appraisal Plan. Operator shall promptly inform the Competent Body of such actions and expenses incurred.

4.5 Appraisal Report

4.5.1 Appraisal Report

4.4.4 Изменение Условий

План Оценки, который был ранее отклонен в соответствии с Разделом 4.4.1(б) или (в), может быть повторно представлен без внесения изменений, если произошло изменение в условиях, связанных с несоответствием или деятельностью, по причине которых План Оценки и был отклонен. Компетентный Орган утверждает, требует дальнейших изменений или отклоняет повторно представленный План Оценки, исходя из критериев, перечисленных в Разделе 4.4.1 в течение тридцати (30) дней с даты повторного предоставления.

4.4.5 Поправки

Посредством представления письменного уведомления Компетентному органу, Оператор может предложить поправки к утвержденному Плану оценки при условии, что эти поправки соответствуют положениям настоящих Правил, соответствующего Договора и Закона. В любом уведомлении, представленном в соответствии с данным разделом, Оператором должны обосновываться причины необходимости изменения. Компетентный орган утверждает, требует дальнейших изменений или отклоняет предложенные изменения, исходя из критериев, перечисленных в разделе 4.4.1 настоящих Правил, в течение тридцати (30) дней с даты повторного представления.

4.4.6 Действия в экстренной ситуации

В случае возникновения экстренной ситуации, представляющей потенциальную опасность для человеческой жизни, собственности или окружающей среды, Оператор должен предпринять все необходимые действия и понести все обоснованные затраты, которые могут потребоваться для уменьшения такой опасности, независимо от того, включены ли такие действия или затраты в утвержденный План оценки. Оператор должен своевременно уведомить Компетентный орган о таких действиях или затратах.

4.5 Отчет об оценке

4.5.1 Отчет об оценке

Rules for Development of the Hydrocarbon Fields of Turkmenistan in the "Golden Age" of Turkmen Nation (22 October 1999)
Правила разработки углеводородных месторождений в «Золотом Веке» туркменского народа (22 октября 1999 года)

Page | Страница 58 /201

CHAPTER IV – APPRAISAL PLAN

Except as otherwise provided in Section 1.2.3 of these Regulations, within ninety (90) days following completion of work outlined in an Appraisal Plan, or such other period as the Contract provides, Operator shall prepare and submit to the Competent Body a documentary Appraisal report on the results of the Appraisal Plan and the data related thereto, including, without limitation, the delineation of the areal extent of the Petroleum Reservoir to which the Discovery relates in terms of thickness, lateral extent, estimate of the quantity of original and recoverable Petroleum therein, along with a statement as to whether, in Operator's opinion, the Discovery is a Commercial Discovery.

ГЛАВА IV – ПЛАН ОЦЕНКИ

Если иное не предусмотрено в разделе 1.2.3 настоящих Правил, в течение девяноста (90) дней после завершения работ, определенных в Плане оценки, или иного периода времени, предусмотренного Договором, Оператор должен подготовить и представить на рассмотрение Компетентного органа документальный отчет об оценке по результатам проведения Плана оценки и соответствующие данные, включающие, но не ограничивающиеся этим, контуры протяженности Залежи углеводородных ресурсов, по которой было сделано Обнаружение в отношении мощности, латерального простирания, оценки количества первоначальных и извлекаемых углеводородных ресурсов из такой Залежи, вместе с заключением Оператора о том, является ли данное Обнаружение Обнаружением промышленного значения.

Rules for Development of the Hydrocarbon Fields of Turkmenistan in the "Golden Age" of Turkmen Nation (22 October 1999)
Правила разработки углеводородных месторождений в «Золотом Веке» туркменского народа (22 октября 1999 года)

Page | Страница 59 /201

4.6 Pilot Production

4.6.1 Pilot Production
An Operator may apply to the Competent Body for approval to conduct Pilot Production of Petroleum related to a Discovery at any time Petroleum Operations are being conducted. Pilot Production shall be limited to a period not to exceed three (3) years.

4.6.2 Purpose
Pilot Production is justified in cases where the sustained production of Petroleum and gathering of accompanying data, (i) will assist the Operator in making a determination of commerciality under Section 4.2.2 of these Regulations, (ii) will assist the Operator in formulating a proposed or modified Exploration, Appraisal or Development Plan, or (iii) is otherwise deemed beneficial to both the Competent Body and the Operator.

4.6.3 Submission and Approval
Prior to undertaking Pilot Production, Operator shall submit an application to and receive approval by the Competent Body.

4.6.4 Information
Applications for Pilot Production shall include: (i) a statement detailing the purpose of the Pilot Production, and (ii) other information which is directly related to the Pilot Production and which is otherwise required by the provisions of Sections 3.3.1, 3.3.2, 4.3.1, and 6.3.1 of these Regulations. The information requirements of this Section 4.6.4 shall include only new or revised data, which has not previously been submitted to the Competent Body.

4.6.5 Determination
Within 30 days of submission of an application to conduct Pilot Production,

4.6 Опытно-промышленная эксплуатация

4.6.1 Опытно-промышленная эксплуатация
Оператор может подать заявку в Компетентный орган на разрешение для проведения Опытно-промышленной эксплуатации углеводородных ресурсов, имеющих отношение к Обнаружению, на любой стадии Нефтяных работ. Период Опытно-промышленной эксплуатации не должен превышать трех (3) лет.

4.6.2 Назначение
Опытно-промышленная эксплуатация допускается в случаях, когда стабильный дебит углеводородных ресурсов и сбор дополнительных данных (i) помогают Оператору сделать заключение о промышленном значении в соответствии с разделом 4.2.2 настоящих Правил, (ii) помогают Оператору при разработке предложенного или измененного Плана разведки, оценки или разработки, или (iii) иным образом способствуют работе Компетентного органа или Оператора.

4.6.3 Представление и утверждение
Перед тем как приступить к Опытно-промышленной эксплуатации, Оператор должен представить заявку и получить разрешение на данный вид деятельности у Компетентного органа.

4.6.4 Информация
Заявки на Опытно-промышленную эксплуатацию должны содержать: (i) заключение с подробным описанием цели Опытно-промышленной эксплуатации и (ii) другую информацию, которая непосредственно связана с Опытно-промышленной эксплуатацией, а также требуется в других отношениях согласно положениям разделов 3.3.1, 3.3.2, 4.3.1 и 6.3.1 настоящих Правил. Информация, требуемая настоящим разделом, должна включать только новые или пересмотренные данные, которые до этого не были представлены в Компетентный орган.

4.6.5 Решение
В течение тридцати (30) дней с момента представления заявки на проведение Опытно-

Rules for Development of the Hydrocarbon Fields of Turkmenistan in the "Golden Age" of Turkmen Nation (22 October 1999)
Правила разработки углеводородных месторождений в «Золотом Веке» туркменского народа (22 октября 1999 года)

Page | Страница 60 /201

the Competent Body shall analyze it, make an appropriate decision and notify the Operator in writing of its determination consistent with the criteria outlined in Section 4.4 of these Regulations.

4.6.6 Inclusion and Compliance

Upon approval by the Competent Body, an application to conduct Pilot Production shall become part of the applicable Exploration, Appraisal or Development Plan. The conduct of Pilot Production shall, in all cases, be in compliance with the provisions of these Regulations, and the applicable provisions of the Law and any Contract.

4.7 Reporting Requirements

4.7.1 Records

Operator shall prepare and maintain required records of all Petroleum Operations which are conducted under an approved Appraisal Plan and shall deliver to the Competent Body all such information and reports which are required by these Regulations including, without limitation, Chapter XII hereof, the Law and the provisions of any Contract.

промышленной эксплуатации Компетентный орган должен проанализировать заявку, принять соответствующее решение и уведомить Оператора в письменной форме о своем решении в соответствии с критериями, изложенными в разделе 4.4 настоящих Правил.

4.6.6 Включение и выполнение заявки

После утверждения Компетентным органом заявка на проведение Опытно-промышленной эксплуатации становится частью соответствующего Плана разведки, оценки или разработки. Опытно-промышленная эксплуатация во всех случаях должна осуществляться в соответствии с положениями настоящих Правил и соответствующих положений Закона и Договора.

4.7 Требования по отчетности

4.7.1 Отчетность

Оператор должен составлять и вести требуемую отчетность по всем Нефтяным работам, выполняемым в соответствии с утвержденным Планом оценки, и представлять всю эту информацию и отчеты в Компетентный орган в соответствии с требованиями, предусмотренными в данных Правилах, включая главу XII, но не ограничиваясь ею, а также согласно Закону и положениям любого Договора.

Rules for Development of the Hydrocarbon Fields of Turkmenistan in the "Golden Age" of Turkmen Nation (22 October 1999)
Правила разработки углеводородных месторождений в «Золотом Веке» туркменского народа (22 октября 1999 года)

Page | Страница 61 /201

CHAPTER V – DRILLING, COMPLETION, WORKOVER & ABANDONMENT

ГЛАВА V – БУРЕНИЕ, ОСВОЕНИЕ, КАПИТАЛЬНЫЙ РЕМОНТ И ЛИКВИДАЦИЯ СКВАЖИН

CHAPTER V - DRILLING, COMPLETION, WORKOVER & ABANDONMENT

ГЛАВА V - БУРЕНИЕ, ОСВОЕНИЕ, КАПИТАЛЬНЫЙ РЕМОНТ И ЛИКВИДАЦИЯ СКВАЖИН

5.1 General Requirements

5.1 Общие требования

5.1.1 Conduct of Operations
Operator shall conduct all drilling, completion, workover and abandonment operations in accordance with these Regulations and the applicable provisions of the Law. Prior to commencement of drilling, completion, workover or abandonment operations under an approved Exploration Plan, Appraisal Program or Development Plan, Operator shall file an application for a permit pursuant to the provisions of Chapters II and V of these Regulations. Except as otherwise provided in Section 1.2.4 of these Regulations prior to commencement of any such operations, Operator must receive written approval of the application from the Competent Body.

5.1.1 Ведение работ
Оператор должен осуществлять все работы по бурению, освоению, капитальному ремонту и ликвидации в соответствии с настоящими Правилами и соответствующими положениями Закона. Перед началом работ по бурению, освоению, капитальному ремонту или ликвидации в соответствии с утвержденным Планом разведки, Планом оценки или Планом разработки Оператор должен подать заявку на разрешение в соответствии с положениями глав II и V настоящих Правил. Если иное не предусмотрено в разделе 1.2.4 настоящих Правил, перед началом этих работ Оператор должен получить утверждение заявки от Компетентного органа в письменной форме.

5.1.2 Standard of Care
All drilling, completion, workover and abandonment operations shall be conducted with due regard for, and in compliance with, International Oil Field Practice. Whenever practical, Operator shall utilize the Best Available and Safest Technologies in order to conserve natural resources, protect subsurface resources, protect the environment, protect the health and safety of the public and workers in accordance with Sections 9.2.2 and 9.2.6 of these Regulations.

5.1.2 Критерий разработки
Все работы по бурению, освоению, капитальному ремонту и ликвидации должны осуществляться с учетом и в соответствии с Международной Нефтепромысловой практикой. В случаях, где это представляется целесообразным, Оператор должен применять Наилучшую существующую и безопасную технологию, направленную на рациональное использование природных ресурсов, охрану недр и окружающей среды, а также охрану здоровья и обеспечение безопасности населения и производственного персонала согласно разделам 9.2.2 и 9.2.6 настоящих Правил.

5.1.3 Well Control
Operator shall take necessary precautions to keep its wells under control at all times. Whenever practical, the Operator shall utilize the Best Available and Safest

5.1.3 Контроль за скважиной
Оператор должен предпринимать необходимые меры для постоянного контроля за скважинами. В случаях, где это представляется целесообразным, Оператор должен применять Наилучшую

Rules for Development of the Hydrocarbon Fields of Turkmenistan in the "Golden Age" of Turkmen Nation (22 October 1999)
Правила разработки углеводородных месторождений в «Золотом Веке» туркменского народа (22 октября 1999 года)

Page | Страница 62 /201

CHAPTER V – DRILLING, COMPLETION, WORKOVER & ABANDONMENT

Technology in order to enhance the evaluation of conditions of abnormal pressure and to minimize the potential for uncontrolled well flow or kick. The Operator shall utilize personnel who are trained and competent and shall utilize and maintain equipment and material necessary to assure the safety and protection of personnel, equipment, natural resources, and the environment.

ГЛАВА V – БУРЕНИЕ, ОСВОЕНИЕ, КАПИТАЛЬНЫЙ РЕМОНТ И ЛИКВИДАЦИЯ СКВАЖИН

существующую и безопасную технологию для оптимизации оценки условий аномального давления и для сведения к минимуму вероятности неконтролируемого фонтанирования скважины или непредвиденного выброса пластового флюида. Оператор должен привлекать подготовленный и компетентный персонал и эксплуатировать и использовать необходимое оборудование и материалы для обеспечения безопасности персонала, защиты оборудования, охраны природных ресурсов и окружающей среды.

Rules for Development of the Hydrocarbon Fields of Turkmenistan in the "Golden Age" of Turkmen Nation (22 October 1999)
Правила разработки углеводородных месторождений в «Золотом Веке» туркменского народа (22 октября 1999 года)

Page | Страница 63 /201

CHAPTER V – DRILLING, COMPLETION, WORKOVER & ABANDONMENT

5.2 Drilling Operations

5.2.1 Application

Except as otherwise provided in Section 1.2.3 of these Regulations, applications for a well Drilling Permit shall include the following information: (i) a plat showing the surface and bottom hole location of the well indicated by meridians of longitude and parallels of latitude expressed in degrees, minutes and seconds, (ii) the area name, block number and well name and number, (iii) the water depth or surface elevation, (iv) rig name and rig type, if available, (v) the anticipated spud date, and (vi) the proposed total measured depth and total vertical depth of the well. The application shall also include a well prognosis which shall include: (i) a summary of well design criteria which the Operator considers relevant for well control, (ii) a summary of the BOP equipment program, (iii) a summary of the casing program, (iv) a drilling prognosis, including the intervals of core sampling if applicable, (v) a summary of the cementing program, (vi) a summary of the mud program, (vii) a H2S contingency plan, if applicable, and not submitted previously, and (viii) a well designation which identifies the well as an Exploration well, Appraisal Well, Development Well, or other type Well, and associates such well with an approved Plan.

5.2.2 Approval Procedure

Within thirty (30) days following submission of an application for a Drilling Permit, the Competent Body shall analyze it and shall provide written notification of approval to the Operator if the application is consistent with an approved Plan, the provisions of these Regulations, the applicable Contract and

ГЛАВА V – БУРЕНИЕ, ОСВОЕНИЕ, КАПИТАЛЬНЫЙ РЕМОНТ И ЛИКВИДАЦИЯ СКВАЖИН

5.2 Буровые работы

5.2.1 Содержание заявки

Если иное не предусмотрено в разделе 1.2.3 настоящих Правил, заявки на разрешение на бурение скважины должны включать следующую информацию: (i) план в горизонтальной проекции с указанием расположения устья и забоя скважины меридианами долготы и параллелями широты, выраженных в градусах, минутах и секундах; (ii) наименование территории, номер блока, наименование и номер скважины, (iii) глубина воды или высота поверхности, (iv) название и тип буровой установки (при наличии), (v) предполагаемая дата начала бурения, (vi) предлагаемая общая глубина по замеру снаряда и общая фактическая глубина. Заявка также должна содержать прогноз по скважине, который включает: (i) краткое описание критериев конструкции скважин, которые, с точки зрения Оператора, являются важными для контроля за скважиной; (ii) краткое описание системы противовыбросового оборудования; (iii) краткое описание проекта крепления скважины обсадными трубами; (iv) буровой прогноз, включая информацию об интервалах отбора керна при необходимости; (v) краткое описание программы цементирования; (vi) краткое описание программы буровых растворов; (vii) план работы в условиях сероводорода, если он применим, и не был представлен ранее; (vii) обозначение скважин по типу Разведочной скважины, Оценочной скважины, Эксплуатационной скважины или скважины другого типа и соотнесение этих скважин с утвержденным Планом.

5.2.2 Порядок утверждения

В течение тридцати (30) дней с момента подачи Оператором заявки на Разрешение на бурение Компетентный орган должен проанализировать эту заявку и представить Оператору письменное уведомление об утверждении, если заявка соответствует утвержденному Плану, положениям настоящих Правил, соответствующему Договору и Закону. В случае, если при проведении работ

Rules for Development of the Hydrocarbon Fields of Turkmenistan in the "Golden Age" of Turkmen Nation (22 October 1999)
Правила разработки углеводородных месторождений в «Золотом Веке» туркменского народа (22 октября 1999 года)

Page | Страница 64 /201

CHAPTER V – DRILLING, COMPLETION, WORKOVER & ABANDONMENT

the Law. In the event the operation involves the use of a drilling rig that is working or standing by in the Contract Area, the Competent Body shall provide such notification to the Operator, either in writing or by oral instruction, within twenty-four (24) hours following submission of the application.

ГЛАВА V – БУРЕНИЕ, ОСВОЕНИЕ, КАПИТАЛЬНЫЙ РЕМОНТ И ЛИКВИДАЦИЯ СКВАЖИН

необходимо использовать буровой станок, эксплуатирующийся или находящийся на Договорной территории, Компетентный орган должен уведомить об этом Оператора в письменной или устной форме в течение двадцати четырех часов (24) с момента подачи заявки.

Rules for Development of the Hydrocarbon Fields of Turkmenistan in the "Golden Age" of Turkmen Nation (22 October 1999)
Правила разработки углеводородных месторождений в «Золотом Веке» туркменского народа (22 октября 1999 года)

Page | Страница 65 /201

CHAPTER V – DRILLING, COMPLETION, WORKOVER & ABANDONMENT

5.2.3 Casing and Cementing

5.2.3.1 General Requirements
Except where provided in an approved Plan, an Operator shall case all wells with a sufficient number of strings of casing and use a sufficient quality and quantity of cement on each string of casing in a manner necessary to prevent release of fluids from any stratum through the wellbore, prevent communication between separate strata, protect freshwater aquifers from contamination, support unconsolidated sediments, and otherwise provide a means of control of the formation pressures and fluids.

5.2.3.2 Design
The Operator shall install casing designed to withstand the anticipated stresses imposed by tensile, compressive, and buckling loads, burst and collapse pressures, thermal effects, and combinations thereof in accordance with the casing program summary included in the well prognosis as required by Section 5.2.1 of these Regulations. In accordance with Section 1.8.1 of these Regulations, safety factors in the casing program design shall be of sufficient magnitude to provide well control during drilling and to assure safe operations for the life of the well.

5.2.3.3 Inadequate Cementing
If there are indications of inadequate cementing, the Operator shall evaluate the adequacy of the cementing operations in accordance with International Oil Field Practice. If the evaluation indicates inadequate cementing to the extent that the requirements of Section 5.2.3.1 of these Regulations hereof are unlikely to be achieved, the Operator shall re-cement

ГЛАВА V – БУРЕНИЕ, ОСВОЕНИЕ, КАПИТАЛЬНЫЙ РЕМОНТ И ЛИКВИДАЦИЯ СКВАЖИН

5.2.3 Крепление скважины обсадными трубами и цементирование

5.2.3.1 Общие требования
Если иное не предусмотрено в утвержденном Плане, Оператор должен крепить все скважины достаточным количеством обсадных труб и использовать достаточное количество цемента надлежащего качества для каждой колонны, чтобы предотвратить выход любого пластового флюида через ствол скважины и сообщение между отдельными пластами, обеспечить защиту источников пресной воды от загрязнения, укрепить неуплотненные отложения и, таким образом, обеспечить средства контроля за пластовым давлением и пластовыми флюидами.

5.2.3.2 Конструкция скважины
Оператор должен установить обсадные трубы, способные выдерживать предполагаемое напряжение, вызванное разрывным усилием, сжатием и нагрузкой, вызывающей продольный изгиб, внутреннее и сминающее давление, тепловое воздействие и сочетание всех этих факторов в соответствии с программой крепления скважины обсадными трубами, включенной в прогноз по скважине в соответствии с требованиями раздела 5.2.1 настоящих Правил. В соответствии с разделом 1.8.1 настоящих Правил факторы безопасности при разработке программы крепления скважины должны быть достаточной величины для обеспечения контроля за скважиной во время бурения, а также обеспечения безопасности работ на протяжении всего срока эксплуатации скважины.

5.2.3.3 Недостаточное цементирование
В случаях, указывающих на недостаточное цементирование, Оператор должен произвести оценку выполненных цементных работ в соответствии с Международной Нефтепромысловой практикой. Если произведенная оценка будет указывать на недостаточность выполнения цементных работ в той степени, при которой маловероятно, что требования раздела 5.2.3.1 настоящих Правил

Rules for Development of the Hydrocarbon Fields of Turkmenistan in the "Golden Age" of Turkmen Nation (22 October 1999)
Правила разработки углеводородных месторождений в «Золотом Веке» туркменского народа (22 октября 1999 года)

Page | Страница 66 /201

or take other remedial action as required.

могут быть соблюдены, Оператор должен провести повторное цементирование или предпринять другие требуемые меры по исправлению.

Rules for Development of the Hydrocarbon Fields of Turkmenistan in the "Golden Age" of Turkmen Nation (22 October 1999)
Правила разработки углеводородных месторождений в «Золотом Веке» туркменского народа (22 октября 1999 года)

Page | Страница 67 /201

5.2.3.4 Pressure Testing

Operator shall conduct pressure integrity and durability tests with respect to each casing string and, if applicable, with respect to production liners in accordance with International Oil Field Practice. In the event of an abnormal pressure decline or other indication of a leak or improper seal, the casing shall be re-cemented, repaired, or an additional casing string run and the casing pressure tested again or Operator shall pursue an alternative procedure approved by the Competent Body. Additional remedial action shall be taken until a satisfactory pressure test is obtained.

5.2.4 Blowout Prevention Systems
5.2.4.1 General Requirements

Blowout Prevention Systems and system components (BOP) shall be designed, installed, used, maintained, and tested to assure well control.

5.2.4.2 Rated Working Pressure

The rated working pressure of any BOP component shall exceed the anticipated surface pressure to which it may be subjected.

5.2.4.3 BOP Stacks

BOP system shall consist of an appropriate number of hydraulically operated, preventers equipped with either pipe, blind or blind-shear rams and shall be arranged in the stack to assure well control under anticipated conditions.

5.2.4.4 Pressure Testing

BOP pressure testing shall be conducted at all customary intervals prior to and

5.2.3.4 Опрессовка

Оператор должен провести гидравлическое испытание на герметичность каждой обсадной колонны, а также эксплуатационных обсадных колонн-хвостовиков, если они применяются, в соответствии с Международной Нефтепромысловой практикой. В случае аномального снижения пластового давления или других показателей утечки либо неправильного уплотнения обсадная колонна должна быть повторно зацементирована, отремонтирована или спущена дополнительная обсадная колонна и проведена повторная опрессовка, или Оператор должен осуществить альтернативную программу, утвержденную Компетентным органом. Должны быть приняты дополнительные меры по исправлению в том объеме, пока не будут достигнуты удовлетворительные результаты опрессовки.

5.2.4 Противовыбросовые системы
5.2.4.1 Общие требования

Противовыбросовые системы и компоненты этих систем должны проектироваться, устанавливаться, использоваться, обслуживаться и испытываться с целью обеспечения контроля за скважиной.

5.2.4.2 Рабочее давление

Норма рабочего давления любого компонента противовыбросового устройства должна превышать предполагаемое поверхностное давление, которому он может подвергнуться.

5.2.4.3 Блоки противовыбросовых превенторов

Система противовыбросовых превенторов (ПВП) должна состоять из гидроприводных превенторов надлежащего количества, оборудованных трубными, глухими или глухими срезными плашками, и быть организована в блоке для обеспечения контроля за скважиной в предполагаемых условиях.

5.2.4.4 Опрессовка

Опрессовка противовыбросовых превенторов (ПВП) должна проводиться через обычные

Rules for Development of the Hydrocarbon Fields of Turkmenistan in the "Golden Age" of Turkmen Nation (22 October 1999)
Правила разработки углеводородных месторождений в «Золотом Веке» туркменского народа (22 октября 1999 года)

Page | Страница 68 /201

during drilling operations in accordance with International Oil Field Practice. Prior to conducting high pressure tests, BOPs shall be subjected to a 200 to 500 psi low pressure test. BOPs shall then be subjected to a high pressure test with water to the casing/wellhead pressure. Subsequent pressure tests shall be to the maximum anticipated wellhead pressure. Annular type BOPs shall be tested to 70 percent of its rated working pressure.

интервалы перед и в процессе проведения буровых работ в соответствии с Международной Нефтепромысловой практикой. Перед проведением опрессовки при высоком давлении ПВП должны опрессовываться при низком давлении порядка 200-500 фунтов на кв.дюйм. Затем ПВП должны опрессовываться при высоком давлении с нагнетением воды, уровень которого должен достигать давления обсадной колонны /устья скважины. Последующие опрессовки должны проводиться при давлении, достигающем максимального предполагаемого давления на устье скважины. ПВП кольцеобразного типа должны опрессовываться при 70 процентах от нормы рабочего давления.

Rules for Development of the Hydrocarbon Fields of Turkmenistan in the "Golden Age" of Turkmen Nation (22 October 1999)
Правила разработки углеводородных месторождений в «Золотом Веке» туркменского народа (22 октября 1999 года)

Page | Страница 69 /201

5.2.5 Mud Program
5.2.5.1 General Requirements

The quantities, characteristics, use, and testing of drilling mud and the related drilling procedures shall be designed and implemented to prevent the loss of well control and to safeguard hole conditions necessary for proper evaluation of the formation. Drilling mud shall be properly conditioned and circulated in accordance with International Oil-Field Practice. Operator shall maintain inventories of mud, mud materials and additives at the drill site sufficient, in accordance with Section 1.8.1 of these Regulations, to maintain well control at all times.

5.2.5.2 Mud Testing, Equipment and Monitoring

Mud testing and monitoring equipment shall be maintained on the drilling rig at all times and mud tests shall be performed as conditions warrant. Mud testing shall be conducted in accordance with International Oil Field Practice and shall include mud density, viscosity, gel strength and such other tests, as Operator deems necessary. A mud-gas separator and degasser shall be installed in the mud system prior to commencement of drilling operations for offshore wells and after the setting of surface casing for the onshore wells. This equipment shall be maintained for use throughout the further drilling of each well.

5.3 Completion Operations

5.3.1 Application
Applications for a Completion Permit shall include the following information: (i) the well name and number with a brief description of the completion procedures

---

5.2.5 Программа буровых растворов
5.2.5.1 Общие требования

Количество, параметры, использование и испытание бурового раствора и соответствующий порядок бурения должны быть запланированы и выполнены с целью предотвращения потери контроля над скважиной и обеспечения необходимых условий и состояния ствола скважины для проведения надлежащей оценки пласта. Буровой раствор должен быть надлежащим образом заправлен и закачан по циркуляционной системе в соответствии с Международной Нефтепромысловой практикой. Оператор должен поддерживать достаточные запасы бурового раствора, его компонентов и добавок на буровой в соответствии с разделом 1.8.1 настоящих Правил, для обеспечения постоянного контроля за скважиной.

5.2.5.2 Испытание, оборудование и мониторинг бурового раствора

На буровой установке всегда должно находиться оборудование для испытания и мониторинга бурового раствора, и испытание бурового раствора должно проводиться, как того потребуют условия скважины. Испытание бурового раствора должно проводиться в соответствии с Международной Нефтепромысловой практикой и включать плотность, вязкость, стойкость геля и другие подобные испытания бурового раствора, которые Оператор посчитает необходимыми. Сепаратор и дегазатор бурового раствора должны быть установлены в системе бурового раствора до начала буровых работ для морских скважин и после установки кондуктора в скважинах на суше. Это оборудование должно находиться в наличии для использования при дальнейшем бурении каждой скважины.

5.3 Работы по освоению скважины

5.3.1 Содержание заявки
Заявки на Разрешение на проведение работ по освоению Скважины должны включать следующую информацию: (i) наименование и номер скважины с кратким описанием порядка

Rules for Development of the Hydrocarbon Fields of Turkmenistan in the "Golden Age" of Turkmen Nation (22 October 1999)
Правила разработки углеводородных месторождений в «Золотом Веке» туркменского народа (22 октября 1999 года)

Page | Страница 70 /201

including a statement of the expected surface pressure, the type and weight of completion fluids, the method, type and density of perforations, and formation treatments, (ii) a schematic drawing of the well which depicts the size and specifications of the wellhead, tree and related equipment, the proposed producing zone(s) and the subsurface well completion equipment to be used including the size and dimensions of all tubing installations, (iii) a partial electric log showing the zone(s) proposed for completion, and (iv) when the completion is in a zone known to contain H2S, the information required in Section 10.5.2.2 of these Regulations.

освоения, включая заключение о предполагаемом давлении на поверхности, тип и плотность растворов для вскрытия пласта, метод, тип и плотность перфораций, и обработку пласта, (ii) схематический рисунок скважины с указанием размера и технических характеристик оборудования устья скважины, фонтанной арматуры и относящегося к ним оборудования, предлагаемых продуктивных(ой) зон(ы) и внутрискважинного оборудования для освоения скважины, включая размеры и параметры всех колонн НКТ, (iii) частичная диаграмма электрического каротажа с указанием зон(ы), предлагаемых для освоения, и (iv) информация согласно требованиям раздела 10.5.2.2 настоящих Правил в случаях, когда освоение производится в зоне с установленным содержанием сероводорода.

Rules for Development of the Hydrocarbon Fields of Turkmenistan in the "Golden Age" of Turkmen Nation (22 October 1999)
Правила разработки углеводородных месторождений в «Золотом Веке» туркменского народа (22 октября 1999 года)

Page | Страница 71 /201

5.3.2 Approval Procedure

Within thirty (30) days following submission of an application for a Completion Permit, the Competent Body shall analyze it and shall provide written notification of approval to the Operator if the application is consistent with an approved Plan, the provisions of these Regulations, the applicable Contract and the Law. In the event the operation involves the use of a drilling rig that is working or standing by in the Contract Area, the Competent Body shall provide written or oral notification of approval to the Operator, within twenty-four (24) hours following submission of the application.

5.3.3 Pre-Approval

If the completion is planned and the required data is available at the time the application for a Drilling Permit is filed, the Operator may request approval of a well completion at that time. If the application has been previously approved but the Operator has changed significant aspects of the completion procedure, a revised application to complete the well shall be made to the Competent Body. Approval of such application shall be given in accordance with Section 5.2.2 of these Regulations.

5.4 Workover Operations

5.4.1 Application

Applications for a Workover Permit shall include the following information: (i) the well name and number with a brief description of the workover procedures including a statement of the expected surface pressure, and the type and weight of workover fluids, (ii) when changes in existing subsurface equipment are proposed, a schematic drawing of the well showing the zone proposed for workover and the workover equipment to

5.3.2 Порядок утверждения

В течение тридцати (30) дней с момента подачи Оператором заявки на Разрешение на проведение работ по освоению Скважины Компетентный орган должен проанализировать эту заявку и представить Оператору письменное уведомление об утверждении, если заявка соответствует утвержденному Плану, положениям настоящих Правил, соответствующему Договору и Закону. В случае, если при проведении работ необходимо использовать буровую установку, находящуюся или эксплуатирующуюся на Договорной территории, Компетентный орган должен представить Оператору письменное или устное уведомление об утверждении в течение двадцати четырех часов (24) с момента подачи заявки.

5.3.3 Предварительное утверждение

Если освоение скважины запланировано и имеются необходимые данные к моменту подачи заявки на Разрешение на бурение, Оператор может также запросить Разрешение на освоение скважины в это же время. Если заявка уже была утверждена, но Оператор изменил важные аспекты порядка освоения, он должен представить измененную заявку на освоение скважины в Компетентный орган. Утверждение такой заявки должно быть произведено в соответствии с разделом 5.2.2 настоящих Правил.

5.4 Капитальный ремонт скважины

5.4.1 Содержание заявки

Заявки на Разрешение на проведение капитального ремонта скважины должны включать следующую информацию: (i) наименование и номер скважины с кратким описанием порядка проведения капитального ремонта скважины, включая заключение о предполагаемом поверхностном давлении, тип и плотность жидкости для капитального ремонта скважин, (ii) в случаях, когда предлагаются изменения к существующему подземному оборудованию: схематический рисунок скважины

Rules for Development of the Hydrocarbon Fields of Turkmenistan in the "Golden Age" of Turkmen Nation (22 October 1999)
Правила разработки углеводородных месторождений в «Золотом Веке» туркменского народа (22 октября 1999 года)

Page | Страница 72 /201

be used, (iii) when the completion is in a zone known to contain H2S, the information required in Section 10.5.2.2 of these Regulations, (iv) the reason for abandonment of the previously producing zone including supporting data, and (v) a statement of anticipated or known pressure for the new zone. A workover permit is not required unless a change in the completion interval is proposed.

с указанием зоны, предлагаемой для капитального ремонта, и ремонтного оборудования, которое будет при этом использоваться, (iii) информация согласно требованиям раздела 10.5.2.2 настоящих Правил, в случаях, когда освоение производится в зоне, известной содержанием сероводорода, (iv) причину ликвидации предыдущей, продуктивной зоны, включая подтверждающие данные и (v) заключение о предполагаемом или известном давлении в новой зоне. Разрешение на капитальный ремонт скважины не требуется, если не предполагается изменение интервала освоения.

Rules for Development of the Hydrocarbon Fields of Turkmenistan in the "Golden Age" of Turkmen Nation (22 October 1999)
Правила разработки углеводородных месторождений в «Золотом Веке» туркменского народа (22 октября 1999 года)

Page | Страница 73 /201

5.4.2 Approval Procedure

Within thirty (30) days following submission of an application for a Workover Permit, the Competent Body shall analyze it and shall provide written notification of approval to the Operator if the application is consistent with an approved Plan, the provisions of these Regulations, the applicable Contract and the Law. In the event the operation involves the use of a drilling rig, workover rig, coil tubing unit or wireline unit that is working or standing by in the Contract Area, the Competent Body shall provide written or oral notification of approval to the Operator, within twenty-four (24) hours following submission of the application.

5.5 Tubing and Wellhead Equipment

5.5.1 Tubing

Operator shall: (i) ensure that all tubing has the necessary strength and pressure integrity and is otherwise suitable for its intended use, and (ii) conduct integrity testing in the event of prolonged operations. All wells shall be completed with tubing installed unless an exception to such requirement has been approved by the Competent Body.

5.5.2 Wellhead Equipment

Operator shall: (i) ensure that wellheads are equipped for pressure monitoring and that such monitoring occurs on a regular basis; and (ii) ensure that the wellhead, tree, and related equipment have a pressure rating which is greater than the applicable shut-in tubing pressure and have been designed, installed and maintained to achieve pressure control.

5.4.2 Порядок утверждения

В течение тридцати (30) дней с момента подачи Оператором заявки на Разрешение на проведение капитального ремонта скважины Компетентный орган должен проанализировать эту заявку и представить Оператору письменное уведомление об утверждении, если заявка соответствует утвержденному Плану, положениям настоящих Правил, соответствующему Договору и Закону. В случае, если при проведении работ необходимо использовать буровой станок, установку капитального ремонта, установку гибких НКТ или установку для работы с внутрискважинным оборудованием, находящиеся или эксплуатирующиеся на Договорной территории, Компетентный орган должен представить Оператору письменное или устное уведомление об утверждении в течение двадцати четырех часов (24) с момента подачи заявки.

5.5 Насосно-компрессорные трубы и оборудование устья скважины

5.5.1 Насосно-компрессорные трубы (НКТ)

Оператор должен: (i) обеспечить необходимую прочность и способность выдерживать давление и другие характеристики, необходимые для предназначенного использования и (ii) проводить испытания на герметичность в случаях длительной эксплуатации. Освоение всех скважин производится только при наличии в них НКТ, за исключением случаев, утвержденных Компетентным органом.

5.5.2 Оборудование устья скважины

Оператор должен: (i) обеспечить оборудование устья скважины, предназначенное для наблюдения за давлением, а также обеспечить регулярность такого наблюдения; (ii) следить за тем, чтобы норма давления на устье скважины, фонтанной арматуре и относящемся к ним оборудовании была выше, чем давление в НКТ после прекращения эксплуатации скважины и, чтобы устье скважины, фонтанная арматура и относящееся к ним оборудование было сконструировано, установлено и обслуживалось с

Rules for Development of the Hydrocarbon Fields of Turkmenistan in the "Golden Age" of Turkmen Nation (22 October 1999)
Правила разработки углеводородных месторождений в «Золотом Веке» туркменского народа (22 октября 1999 года)

Page | Страница 74 /201

целью достижения контроля за давлением.

Rules for Development of the Hydrocarbon Fields of Turkmenistan in the "Golden Age" of Turkmen Nation (22 October 1999)
Правила разработки углеводородных месторождений в «Золотом Веке» туркменского народа (22 октября 1999 года)

Page | Страница 75 /201

5.6 Abandonment Operations

5.6.1 Abandonment Obligation

Except as otherwise provided in Sections 1.2.3 & 1.2.4 of these Regulations, Operators must plug and abandon all well bores, remove all facilities, and clear the Contract Area of all obstructions created by an Operator during the conduct of Petroleum Operations, and reclaim all onshore sites from which facilities were removed. This obligation (i) accrues to the Operator when the well is drilled, the facility is installed, or the obstruction is created, and (ii) is the joint and several responsibility of all Operators, Contractors and State Concerns when the obligation accrues.

5.6.1.1 General Well Abandonment Requirements

Operator shall plug and abandon all wells in a manner to assure downhole isolation of hydrocarbon zones and protection of freshwater aquifers. Except as otherwise provided in Sections 1.2.3 and 1.2.4 of these Regulations, no production well, which is mechanically capable of producing, shall be abandoned until the Operator has determined that the well has no future value or alternate use.

5.6.1.2 General Facilities Abandonment Requirements

Subject to the terms of Sections 1.2.3 and 1.2.4 of these Regulations, and subject further to the terms of Section 5.6.5 of these Regulations, an Operator shall remove all facilities, and reclaim all onshore sites from which facilities were removed.

5.6.2 Application

Applications for an Abandonment Permit shall include the following information:

5.6 Ликвидационные работы

5.6.1 Обязательства по ликвидации

Если иное не предусмотрено в разделах 1.2.3 и 1.2.4 настоящих Правил, Оператор должен осуществить глушение и ликвидацию стволов скважин, демонтаж всего оборудования и расчистку Договорной территории ото всех препятствий, созданных Оператором во время проведения Нефтяных работ, а также произвести рекультивацию всех участков на суше, с которых были удалены сооружения. Настоящее обязательство (i) возникает у Оператора тогда, когда скважина пробурена, оборудование установлено либо препятствие создано и (ii) является ответственностью, совместной и раздельной, всех Операторов, Подрядчиков и государственных Концернов, когда возникает такое обязательство.

5.6.1.1 Общие требования по ликвидации скважин

Оператором производится глушение и ликвидация скважин таким образом, чтобы обеспечить внутрискважинную изоляцию углеводородных зон и защиту горизонтов с пресной водой. Если иное не предусмотрено в разделах 1.2.3 и 1.2.4 настоящих Правил, ликвидация продуктивных скважин, обладающих механической, продуктивной способностью, осуществляется лишь тогда, когда Оператором установлено, что скважина не представляет будущей ценности или не может быть использована для иных целей.

5.6.1.2 Общие требования по ликвидации сооружений

В зависимости от условий разделов 1.2.3, 1.2.4 и раздела 5.6.5 настоящих Правил Оператор должен удалить все сооружения и произвести рекультивацию всех участков на суше, с которых эти сооружения были удалены.

5.6.2 Содержание заявки

Содержание заявки для получения Разрешения на ликвидацию включает следующую информацию:

Rules for Development of the Hydrocarbon Fields of Turkmenistan in the "Golden Age" of Turkmen Nation (22 October 1999)
Правила разработки углеводородных месторождений в «Золотом Веке» туркменского народа (22 октября 1999 года)

Page | Страница 76 /201

CHAPTER V – DRILLING, COMPLETION, WORKOVER & ABANDONMENT

(i) the well name and number with a statement detailing the reason for abandonment including supportive well logs and test data, (ii) a schematic and brief description of the abandonment procedures including data on plugs, cementing procedures, casing removal and other pertinent information, (iii) a description of the facilities to be abandoned, together with a reclamation plan for all onshore sites from which the facilities are to be removed.

ГЛАВА V – БУРЕНИЕ, ОСВОЕНИЕ, КАПИТАЛЬНЫЙ РЕМОНТ И ЛИКВИДАЦИЯ СКВАЖИН

(i) наименование и номер скважины с заявлением, в котором детально излагаются причины ликвидации, с включением подтверждающих каротажных диаграмм и материалов произведенных испытаний, (ii) схематическое и краткое описание методов ликвидации, с включением данных, касающихся глушения, цементирования, извлечения обсадной колонны и другой необходимой информации, (iii) описание подлежащих ликвидации сооружений с планом рекультивации всех участков на суше, с которых будут удаляться сооружения.

Rules for Development of the Hydrocarbon Fields of Turkmenistan in the "Golden Age" of Turkmen Nation (22 October 1999)
Правила разработки углеводородных месторождений в «Золотом Веке» туркменского народа (22 октября 1999 года)

Page | Страница 77 /201

5.6.3 Approval Procedure

Within thirty (30) days or such other period of time as the Competent Body and Operator may agree, following submission of an application for an Abandonment Permit, the Competent Body shall analyze it and shall provide written notification of approval to the Operator if the application is consistent with an approved Plan, the provisions of these Regulations, the applicable Contract and the Law. In the event the operation involves the use of a drilling rig, workover rig, coil tubing unit or wireline unit that is working or standing by in the Contract Area, the Competent Body shall provide such notification to the Operator, either in writing or by oral instruction, within twenty-four (24) hours following submission of the application.

5.6.4 Temporary Abandonment

Upon application and approval, an Operator may elect to temporarily abandon a well. In order to maintain the temporarily abandoned status of a well, Operator shall, at the end of each Calendar Year, submit a report to the Competent Body describing plans to workover the well, permanently abandon the well, or otherwise justify its temporarily abandoned status.

5.6.5 Assumption of Wellbore and/or Facilities

Except as otherwise provided in Section 1.2.3 of these Regulations, if the Operator proposes to permanently plug and abandon a well and/or any facilities, the Competent Body may, within the time requirements set forth in Section 5.6.3 of these Regulations or other period of time as the Competent Body and Operator may agree, elect to take over the wellbore and/or such facilities, exclusive of any related surface equipment which the

5.6.3 Порядок утверждения

В течение тридцати (30) дней или иного периода времени, на который могут согласиться Компетентный орган и Оператор, с момента подачи заявки для получения Разрешения на ликвидацию Компетентный орган производит ее анализ и представляет Оператору письменное уведомление об утверждении, если представленная заявка соответствует утвержденному Плану, положениям настоящих Правил, соответствующему Договору и Закону. В случае если при проведении работ необходимо использовать буровой станок, установку капитального ремонта, установку гибких НКТ или установку для работы с внутрискважинным оборудованием, находящиеся или эксплуатирующиеся на Договорной территории, Компетентный орган уведомляет об этом Оператора в письменной или устной форме в течение двадцати четырех (24) часов с момента подачи заявки.

5.6.4 Консервация скважин

После представления и утверждения заявки Оператор может принять решение по консервации скважины. Для содержания скважин в статусе законсервированных Оператор в конце каждого Календарного года представляет Компетентному Органу отчет, содержащий план ремонта таких скважин, план их ликвидации либо иное доказательство их статуса законсервированных.

5.6.5 Переход ответственности за скважину и/или сооружения

Если иное не предусмотрено в разделе 1.2.3 настоящих Правил, если Оператор предлагает глушение и последующую постоянную ликвидацию скважины и/или сооружений, Компетентный орган может в течение срока, установленного в разделе 5.6.3 настоящих Правил, или иного периода времени, на который могут согласиться Компетентный орган и Оператор, предпочесть принять скважину и/или такие сооружения без права на относящееся к ним наземное оборудование, которое Оператор решил

Rules for Development of the Hydrocarbon Fields of Turkmenistan in the "Golden Age" of Turkmen Nation (22 October 1999)
Правила разработки углеводородных месторождений в «Золотом Веке» туркменского народа (22 октября 1999 года)

Page | Страница 78 /201

Operator elects to retain. If the Competent Body elects to take over the wellbore and/or such facilities, the Operator shall be deemed to have relinquished free of cost all of its interest in the wellbore and/or such facilities. The Competent Body shall thereafter bear all cost and liability of operating, plugging and abandoning such wellbore and/or such facilities in accordance with these Regulations, and shall indemnify and hold harmless the Operator against all such costs and liabilities. The application of this Section 5.6.5 shall not affect the Operators exclusive right to conduct Petroleum Operations in the Contract Area during the term of a License.

If the Contract so provides, a partial release of funds may be made from an Abandonment Account in respect of the cost of and at the time of plugging and abandoning such wellbore and/or facilities.

5.6 Reporting Requirements

5.7.1 Records
Operator shall prepare and maintain full and complete records of all Petroleum Operations which are conducted during drilling, completion, workover and abandonment operations and shall deliver to the Competent Body all such information and reports which are required by these Regulations including, without limitation, Chapter XII hereof, the Law or the provisions of any Contract.

сохранить за собой. Если Компетентный орган предпочтет принять скважину и/или такие сооружения, должно считаться, что Оператор безвозмездно и полностью отказался от права на участие в этой скважине и/или таких сооружениях. Впоследствии Компетентный орган должен нести все затраты и полную ответственность за эксплуатацию, глушение и ликвидацию таких скважин и/или сооружений в соответствии с настоящими Правилами, а также гарантировать Оператору полное возмещение по таким затратам и обязательствам. Применение настоящего раздела не влияет на эксклюзивное право Оператора проводить Нефтяные работы на Договорной территории в период действия Лицензии.

Если такое предусматривается Договором, возможно произведение частичного высвобождения фондов с ликвидационного счета в отношении стоимости глушения и ликвидации такой скважины и/или сооружений.

5.7 Требования по отчетности

5.7.1 Отчетность
Оператор должен составлять и вести требуемую отчетность по всем Нефтяным работам, проводимым в период бурения, освоения, ремонта и ликвидации, и представлять Компетентному органу всю подобную информацию и отчетность, требуемую в соответствии с настоящими Правилам, включая, без ограничений, главу XII настоящих Правил, Законом, или положениями любого Договора.

Rules for Development of the Hydrocarbon Fields of Turkmenistan in the "Golden Age" of Turkmen Nation (22 October 1999)
Правила разработки углеводородных месторождений в «Золотом Веке» туркменского народа (22 октября 1999 года)

Page | Страница 79 /201

CHAPTER VI - DEVELOPMENT PLAN

6.1 General Requirements

6.1.1 Conduct of Operations
Operator shall conduct all Petroleum Operations relating to Development in accordance with an approved Development Plan, these Regulations, the Law and the applicable provisions of other Turkmenistan legislation.

6.1.2 Standard of Care
A Development Plan shall be developed and implemented with due regard for, and in compliance with, International Oil-Field Practice.

6.2 Submission of Development Plans

6.2.1 Submission and Approval
Except as otherwise provided in Sections 1.2.3 and 1.2.4 of these Regulations, prior to undertaking any activities pursuant to a proposed Development Plan, such Development Plan must be submitted to, and approved by, the Competent Body pursuant to these Regulations, and the applicable provisions of the Law or any applicable Contract.

6.2.2 Development Plan
The Development Plan under any Contract shall be submitted to the Competent Body within one hundred eighty (180) days following the earliest to occur of (i) notification that the Discovery is a Commercial Discovery under the applicable Contract, or (ii) following the submission of an Appraisal report indicating that the Discovery is a Commercial Discovery or such other period of time as the Contract may provide.

6.3 Plan Information

ГЛАВА VI - ПЛАН РАЗРАБОТКИ

6.1 Общие требования

6.1.1 Ведение работ
Оператор должен осуществлять все Нефтяные работы, относящиеся к Разработке, в соответствии с утвержденным Планом разработки, настоящими Правилами, Законом и другими соответствующими положениями законодательства Туркменистана.

6.1.2 Критерий разработки
План разработки должен разрабатываться и осуществляться с учетом и в соответствии с Международной нефтепромысловой практикой.

6.2 Представление Плана разработки

6.2.1 Представление и утверждение
Если иное не предусмотрено в разделах 1.2.3 и 1.2.4 настоящих Правил, прежде чем приступать к выполнению работ в соответствии с предложенным Планом разработки, этот План должен быть представлен в Компетентный орган и утвержден им в согласно настоящим Правилам и соответствующим положениям Закона или соответствующему Договору.

6.2.2 План разработки
План разработки в соответствии с любым Договором должен быть представлен Компетентному органу в течение ста восьмидесяти (180) дней с момента наступления одного из следующих событий: (i) уведомления о том, что Обнаружение является Обнаружением промышленного значения в соответствии с Договором, или (ii) после представления отчета по оценке, в котором говорится о том, что Обнаружение является Обнаружением промышленного значения, или иного периода времени, предусмотренного в Договоре.

6.3 Содержание Плана разработки

Rules for Development of the Hydrocarbon Fields of Turkmenistan in the "Golden Age" of Turkmen Nation (22 October 1999)
Правила разработки углеводородных месторождений в «Золотом Веке» туркменского народа (22 октября 1999 года)

Page | Страница 80 /201

CHAPTER VI – DEVELOPMENT PLAN

ГЛАВА VI – ПЛАН РАЗРАБОТКИ

6.3.1 Plan Information

Unless the Contract requires otherwise, all proposed Development Plans shall include, where applicable, the information in Sections 6.3.1.1, 6.3.1.2, 6.3.1.3 and 6.3.1.4.

6.3.1 Содержание Плана

Если иное не предусмотрено в Договоре, все предлагаемые Планы разработки должны включать, где это применимо, информацию по разделам 6.3.1.1, 6.3.1.2, 6.3.1.3 и 6.3.1.4 настоящих Правил.

Rules for Development of the Hydrocarbon Fields of Turkmenistan in the "Golden Age" of Turkmen Nation (22 October 1999)
Правила разработки углеводородных месторождений в «Золотом Веке» туркменского народа (22 октября 1999 года)

Page | Страница 81 /201

6.3.1.1 Field Description

(a) designation of the Development Area.
(b) geological interpretation of the field and each productive Reservoir,
(c) seismic interpretation and structural configuration of the field and each productive Reservoir,
(d) petrophysical characteristics incorporating log, core and well test data,
(e) formation fluid properties including results from any gas condensate studies,
(f) expected Reservoir drive mechanism, and
(g) estimates of original hydrocarbons in place including a description of the cause and degree of uncertainty in the estimate.

6.3.1.2 Development and Production

(a) a description of the alternative development, production and control (engineering studies of reservoir development) techniques which the Operator considered and justification for the selected techniques;
(b) a description of the proposed development including a description of the work to be performed during each phase of the Development Plan, the sequencing of activities and a time schedule for performance from commencement to completion and the rationale for choosing which Reservoir(s) to produce Petroleum from and the demonstration that such choice is consistent with the requirements of Chapter VIII of these Regulations for achieving the Ultimate Economic Recovery of Hydrocarbon resources;
(c) a description of the proposed drilling, completion and production program including the surface and bottom hole location of each Development well, proposed total depth, completion techniques, production techniques,

6.3.1.1 Характеристика месторождения

(а) определение Территории разработки,
(б) геологическая интерпретация месторождения и каждой продуктивной Залежи,
(в) сейсмическая интерпретация и структурная конфигурация месторождения и каждой продуктивной Залежи,
(г) петрофизические параметры, включающие каротажные диаграммы, данные о керне и данные по испытанию скважин,
(д) свойства пластовых флюидов, включая результаты газоконденсатных исследований,
(е) ожидаемый режим Залежи, и
(ж) оценка первоначальных запасов углеводородов, включая описание причины и степени точности оценки.

6.3.1.2 Разработка и эксплуатация

(а) описание альтернативных методов разработки, эксплуатации и контроля (инженерные исследования по разработке залежи(ей), которые рассмотрел Оператор), и обоснование выбранных методов;
(б) описание предлагаемого метода разработки, включая описание работ, запланированных к выполнению на каждом этапе Плана разработки, последовательность работ и график их выполнения от начала до завершения, и обоснование выбора Залежи(ей) для добычи Углеводородных ресурсов и показа того, что такой выбор соответствует требованиям Главы VIII настоящих Правил, касающимся достижения Максимальной экономически обоснованной углеводородоотдачи;
(в) описание предлагаемых программ бурения, освоения и эксплуатации, включая указание месторасположения забоя и устья каждой эксплуатационной скважины, проектной глубины, методов освоения и эксплуатации, плотности сетки расположения скважин и обоснование совместной эксплуатации нескольких продуктивных Залежей;
(г) описание предлагаемого бурового оборудования, сооружений для эксплуатации,

Rules for Development of the Hydrocarbon Fields of Turkmenistan in the "Golden Age" of Turkmen Nation (22 October 1999)
Правила разработки углеводородных месторождений в «Золотом Веке» туркменского народа (22 октября 1999 года)

Page | Страница 82 /201

density of well development and the rationale for commingling of production from different Reservoirs;

(d) a description of the proposed drilling, production, treatment, gathering and storage facilities including the drilling rig, operational structures and other major equipment;

(e) an estimate of the range of recoverable reserves for each Reservoir including a description of the cause and degree of uncertainty in the estimate;

(h) estimates of well productivity, production forecasts and other indicators of development (e.g. estimates of water cut, forecast of formation pressure changes, water drive dynamics, etc) based on the Maximum Efficient Rate principle and taking any expected well conditions into account;

(i) proposals with regard to the transportation and delivery of Petroleum to the Delivery Point and/or the land or seaboard terminal point of export;

(j) a description of the proposed method of abandonment; and

(k) an estimate of the costs to be incurred in performing each activity under the proposed Development Plan and a time schedule which estimates the timing of such costs.

подготовки, сбора и хранения, включая буровую установку, промысловые устройства и другое основное оборудование;

(д) оценка пределов извлекаемых запасов для каждой Залежи, включая описание причины и степени точности оценки;

(е) оценка продуктивности скважин, прогноз уровней добычи и других показателей разработки (прогноз обводненности, изменения давления, водонапорного режима) исходя из принципа Максимальной эффективной нормы и с учетом всех предполагаемых условий на скважине;

(ж) предложения в отношении транспортировки и доставки Углеводородных ресурсов в пункт доставки и/или в экспортный пункт на суше или экспортный терминал;

(з) описание предлагаемого метода ликвидации скважин;

(и) смета затрат на выполнение каждого вида работ в соответствии с Планом разработки и график предполагаемого произведения этих затрат.

Rules for Development of the Hydrocarbon Fields of Turkmenistan in the "Golden Age" of Turkmen Nation (22 October 1999)
Правила разработки углеводородных месторождений в «Золотом Веке» туркменского народа (22 октября 1999 года)

Page | Страница 83 /201

6.3.1.3 Safety and Environment

(a) an Environmental Impact Assessment as described in Section 9.2.2 of these Regulations which shall include only new or revised data;

(b) an Environmental Protection Plan, including a Spill Contingency Plan as described in Section 9.2.6 and 9.4.3 of these Regulations which shall include only new or revised data;

(c) data concerning the presence of hydrogen sulfide (H2S) and the precautionary measures as described in Section 10.6.2.2 of these Regulations;

(d) a Safety and Health Plan which shall include only new or revised data.

6.3.1.4 Other Information

(a) proposals for necessary infrastructure developments; and
(b) proposals for the employment of citizens of Turkmenistan and use of local material and services, in each case, consistent with these Regulations, the Law, and any Contract.

6.4 Approval Procedure

6.4.1 Determination

Within sixty (60) days of submission of a proposed Development Plan by the Operator, the Competent Body shall analyze it, make an appropriate decision and notify the Operator in writing of its decision to accomplish one of the following:

(a) approve the Development Plan;
(b) require the Operator to modify the Development Plan as the result of an inconsistency with the provisions of these Regulations, the applicable Contract, the Law or other

6.3.1.3 Техника безопасности и охрана окружающей среды

(а) Отчет об оценке воздействия на окружающую среду, как описано в разделе 9.2.2 настоящих Правил, который должен включать только новые или пересмотренные данные;

(б) План охраны окружающей среды, содержащий план ликвидации разливов, как описано в разделах 9.2.6 и 9.4.3 настоящих Правил, который должен включать только новые или пересмотренные данные;

(в) данные о наличии сероводорода (H2S) и меры безопасности, как описано в разделе 10.6.2.2 настоящих Правил;

(г) План по технике безопасности и охране здоровья, в который должны входить только новые или пересмотренные данные.

6.3.1.4 Прочая информация.

(а) предложения по необходимому строительству инфраструктуры,

(б) предложения, касающиеся принятия на работу граждан Туркменистана и использования местных материалов и услуг, в каждом из этих случаев, соответствующих настоящим Правилам, Закону и Договору.

6.4 Порядок утверждения

6.4.1 Порядок

В течение шестидесяти (60) дней с момента представления Оператором предлагаемого Плана разработки Компетентный орган должен его проанализировать, принять соответствующее решение и уведомить Оператора в письменной форме о своем решении по выполнению одного из нижеследующих действий:

(а) утвердить План разработки;
(б) потребовать от Оператора внести изменения в любой План разработки как результат несоответствия положениям настоящих Правил, соответствующего Договора, Закона или других законодательных актов

Rules for Development of the Hydrocarbon Fields of Turkmenistan in the "Golden Age" of Turkmen Nation (22 October 1999)
Правила разработки углеводородных месторождений в «Золотом Веке» туркменского народа (22 октября 1999 года)

Page | Страница 84 /201

Turkmenistan legislation dealing with air quality, environmental matters, or safety and health requirements;

(c) reject the Development Plan as a result of a determination by the Competent Body that a proposed activity would be likely to cause serious harm or damage to life, property, natural resources or the environment, and that the proposed activities cannot be modified to avoid such effect(s).

Туркменистана, регулирующих вопросы качества атмосферного воздуха, охраны окружающей среды, требования по охране здоровья и технике безопасности;

(в) отклонить План разработки как результат установления Компетентным органом того факта, что предложенные действия могут явиться серьезной угрозой и представлять опасность для жизни, собственности, природных ресурсов или окружающей среды, а также предложенные действия невозможно изменить для того, чтобы избежать подобного воздействия.

Rules for Development of the Hydrocarbon Fields of Turkmenistan in the "Golden Age" of Turkmen Nation (22 October 1999)
Правила разработки углеводородных месторождений в «Золотом Веке» туркменского народа (22 октября 1999 года)

Page | Страница 85 /201

6.4.2 Modification or Rejection

The Competent Body shall include in the notice required by Section 6.4.1 of these Regulations the reason or reasons for requiring modification or rejection of a Development Plan. In the event a Development Plan requires modification, the Competent Body shall specify the conditions that must be met in order for the Development Plan to be approved.

6.4.3 Resubmission of Modified Plan

The Operator may resubmit a modified Development Plan to the Competent Body pursuant to the provisions of this Chapter VI. Only information related to the proposed modifications needs to be resubmitted. The Competent Body shall approve, require further modification or reject the resubmitted Development Plan based upon the criteria in Section 6.4.1 of these Regulations within thirty (30) days of the resubmission date.

6.4.4 Change of Conditions

A Development Plan, which has been rejected pursuant to Section 6.4.1 (b) or (c) of these Regulations may be resubmitted without modification in the event there is a change of conditions which caused it to be rejected. The Competent Body shall approve, require further modification or reject the resubmitted Development Plan based upon the criteria in Section 6.4.1 of this Chapter within thirty (30) days of the resubmission date.

6.4.5 Revision of Development Area

If subsequent to the designation of a Development Area, as approved by the Competent Body, the extent of the area encompassing the Commercial Discovery is reasonably expected to be greater than the original Development Area, Operator shall submit to the Competent Body the description of such larger area and such

6.4.2 Изменение или отклонение

Компетентный орган должен включить в уведомление в соответствии с разделом 6.4.1 данной главы причину или причины необходимости изменений или отклонения Плана разработки. Если в Плане разработки требуются изменения, то Компетентный орган должен определить те условия, которые должны быть выполнены Оператором для того, чтобы План разработки был утвержден.

6.4.3 Повторное представление измененного Плана

Оператор может повторно представить измененный План разработки на рассмотрение Компетентного органа в соответствии с положениями данной главы. Повторно необходимо представить только информацию по предложенным изменениям. Компетентный орган утверждает, требует дальнейших изменений или отклоняет повторно представленный План разработки, исходя из критериев, перечисленных в разделе 6.4.1 данной главы в течение тридцати (30) дней с даты повторного представления.

6.4.4 Изменение условий

План разработки, который ранее был отклонен в соответствии с разделом 6.4.1 (б) или (в) данной главы, может быть повторно представлен без внесения изменений, если произошло изменение в условиях, по причине которых План разработки был отклонен. Компетентный орган утверждает, требует дальнейших изменений или отклоняет повторно представленный План разработки, исходя из критериев, перечисленных в разделе 6.4.1 данной главы, в течение тридцати (30) дней с даты повторного представления.

6.4.5 Пересмотр Территории разработки

В случае, если после определения Территории разработки, утвержденной Компетентным органом, есть основания считать, что территория, на которой находится Обнаружение промышленного значения, может оказаться больше, чем первоначальная Территория разработки, Оператор должен представить в Компетентный орган описание этой большей по

Rules for Development of the Hydrocarbon Fields of Turkmenistan in the "Golden Age" of Turkmen Nation (22 October 1999)
Правила разработки углеводородных месторождений в «Золотом Веке» туркменского народа (22 октября 1999 года)

Page | Страница 86 /201

description shall be reviewed for approval by the Competent Body and, if approved, such revised area shall be designated as the Development Area.

размерам территории, и которое должно быть рассмотрено Компетентным органом, и, в случае одобрения, эта пересмотренная территория назначается в качестве Территории разработки.

Rules for Development of the Hydrocarbon Fields of Turkmenistan in the "Golden Age" of Turkmen Nation (22 October 1999)
Правила разработки углеводородных месторождений в «Золотом Веке» туркменского народа (22 октября 1999 года)

Page | Страница 87 /201

6.4.6 Amendments

By providing written notice to the Competent Body, Operator may propose amendments to approved Development Plans, provided such amendments are consistent with the provisions of these Regulations, the applicable Contract, and the Law. Any notice given pursuant to this Section 6.4.6 shall state the reasons why, in the opinion of the Operator, an amendment is necessary. The Competent Body shall approve, require modification or reject the proposed amendments based upon the criteria in Section 6.4.1 of these Regulations within thirty (30) days of the resubmission date.

6.4.7 Divergence from Approved Development Plan

Operator has the responsibility for implementing Development in accordance with an approved Development Plan. Operator shall promptly notify the Competent Body when significant and material deviations from the approved Development Plan occur. In the event a significant and material deviation occurs, Operator shall propose amendments to the approved Development Plan pursuant to Section 6.4.6 of these Regulations.

6.4.8 Emergency Action

In the event of emergency involving possible danger to human lives, property or the environment, Operator shall undertake all reasonable actions and incur all reasonable expense as may be required to mitigate such danger whether or not such action or expense is included in an approved Development Plan. Operator shall promptly inform the Competent Body of such actions and expenses incurred.

6.5 Enhanced Recovery Projects

6.4.6 Поправки

Посредством представления письменного уведомления Компетентному органу Оператор может предложить поправки к утвержденному Плану разработки при условии, что эти поправки соответствуют положениям настоящих Правил, соответствующего Договора и Закона. В любом уведомлении, представленном в соответствии с данным разделом, должны обосновываться причины необходимости изменения с точки зрения Оператора. Компетентный орган утверждает, требует дальнейших изменений или отклоняет предлагаемые изменения, исходя из критериев, перечисленных в разделе 6.4.1 данной главы, в течение тридцати (30) дней с даты повторного представления.

6.4.7 Отклонение от утвержденного Плана разработки

Оператор должен осуществлять Разработку в соответствии с утвержденным Планом разработки. Оператор должен своевременно уведомлять Компетентный орган о значительных и существенных отклонениях от утвержденного Плана разработки. В случае возникновения значительного и существенного отклонения Оператор может предложить изменения в утвержденном Плане разработки в соответствии с разделом 6.4.6 данной главы.

6.4.8 Действия в экстренной ситуации

В случае возникновения экстренной ситуации, представляющей потенциальную опасность для человеческой жизни, собственности или окружающей среды, Оператор должен предпринять все необходимые действия и понести все обоснованные затраты, которые могут потребоваться для уменьшения такой опасности, независимо от того, включены ли такие действия или затраты в утвержденный План разработки. Оператор должен своевременно уведомить Компетентный орган о таких действиях или затратах.

6.5 Проекты по повышению углеводородоотдачи

Rules for Development of the Hydrocarbon Fields of Turkmenistan in the "Golden Age" of Turkmen Nation (22 October 1999)
Правила разработки углеводородных месторождений в «Золотом Веке» туркменского народа (22 октября 1999 года)

Page | Страница 88 /201

6.5.1 General Requirement

Operator shall consider, based upon available data, timely commencement of Enhanced Recovery Projects when such operations are likely to increase the Ultimate Economic Recovery of Petroleum. Enhanced Recovery Projects shall be designed and operated in a manner to assure protection of any oil, gas and fresh water reservoirs which may exist.

6.5.1 Основные требования

Оператор должен рассмотреть на основании имеющихся данных своевременное осуществление проектов по повышению углеводородоотдачи, если эти проекты способствуют повышению Конечной экономически обоснованной углеводородоотдачи. Проекты по повышению углеводородоотдачи должны быть разработаны и осуществлены таким образом, чтобы обеспечить защиту любых существующих залежей нефти, газа и источников пресной воды.

Rules for Development of the Hydrocarbon Fields of Turkmenistan in the "Golden Age" of Turkmen Nation (22 October 1999)
Правила разработки углеводородных месторождений в «Золотом Веке» туркменского народа (22 октября 1999 года)

Page | Страница 89 /201

6.5.2 Project Approval

Except as otherwise provided in Section 1.2.4 of these Regulations, the Operator shall not commence any Enhanced Recovery Project unless the Competent Body has aproved the project. The application for approval shall contain information sufficient to allow the Competent Body to fully evaluate the possible effects of the project upon any oil, gas or fresh water reservoirs.

6.5.3 Project Information

The application for any Enhanced Recovery Project shall include, without limitation, the following: (i) a description and statement of purpose for the proposed project, including an estimate of the projects effect on the Ultimate Economic Recovery of Petroleum, and (ii) a plat of the affected area showing the location of all wells including proper well designations, and (iii) where applicable, the requirements listed in Section 9.7 hereof.

6.5.4 Reporting and Monitoring Requirements

Operator shall provide periodic reports of the volume of oil, gas, or other substances injected or produced during the Enhanced Recovery Project as required by Chapter XII hereof. Where applicable, Operator shall monitor Enhanced Recovery Projects in a manner consistent with the requirements of Section 9.7.5 hereof.

6.6 Joint Development

6.6.1 Applicability

In the absence of any provisions in the Contract relating to Joint Development, and subject to Section 1.2.4 of these Regulations, the Competent Body may approve, or in certain cases require, the Joint Development of Petroleum.

6.5.2 Утверждение плана

Если иное не предусмотрено в разделе 1.2.4 настоящих Правил, Оператор должен приступить к проекту по повышению углеводородоотдачи только после того, как Компетентный орган утвердит проект. Заявка на утверждение должна содержать достаточную информацию, которая позволит Компетентному органу произвести всестороннюю оценку возможных последствий проекта на Залежи нефти, газа и источники пресной воды.

6.5.3 Содержание плана

Заявка на проект по повышению углеводородоотдачи должна содержать, но не ограничиваться этим, следующую информацию: (i) описание и определение цели предлагаемого проекта, включая оценку воздействия проекта на Конечную экономически обоснованную углеводородоотдачу; (ii) план участка в горизонтальной проекции, на котором будет осуществляться проект, с указанием расположения всех скважин, и их обозначение; (iii) где это применимо, требования, перечисленные в разделе 9.7 настоящих Правил.

6.5.4 Требования по отчетности и контролю

Оператор должен представлять периодические отчеты об объемах нефти, газа или других веществ, закачанных или извлеченных из пласта в ходе осуществления проекта по повышению углеводородоотдачи в соответствии с положениями главы XII настоящих Правил. Там, где это применимо, Оператор должен вести контроль за проектами по повышению углеводородоотдачи в соответствии с требованиями раздела 9.7.5 настоящих Правил.

6.6 Совместная разработка

6.6.1 Применение

В случае отсутствия в Договоре положений, относящихся к Совместной разработке, и в зависимости от положений раздела 1.2.4 настоящих Правил, Компетентный орган может утвердить или в отдельных случаях потребовать проведения Совместной разработки Углеводородных ресурсов

Rules for Development of the Hydrocarbon Fields of Turkmenistan in the "Golden Age" of Turkmen Nation (22 October 1999)
Правила разработки углеводородных месторождений в «Золотом Веке» туркменского народа (22 октября 1999 года)

Page | Страница 90 /201

Rules for Development of the Hydrocarbon Fields of Turkmenistan in the "Golden Age" of Turkmen Nation (22 October 1999)
Правила разработки углеводородных месторождений в «Золотом Веке» туркменского народа (22 октября 1999 года)
Page | Страница 91 /201

6.6.2 Voluntary Joint Development

The Competent Body may approve an application for Joint Development of a Petroleum Reservoir(s) if Joint Development (i) is likely to promote or expedite Petroleum Operations, (ii) is likely to conserve natural resources or protect the rights of adjacent Operators with respect to a common Petroleum Reservoir, or (iii) otherwise meets the requirements of Section 6.6.3 hereof.

6.6.2.1 Submission and Approval

Prior to undertaking any activities pursuant to a proposed Joint Development Plan, an application for Joint Development must be submitted to, and approved by, the Competent Body pursuant to these Petroleum Regulations, including, without limitations, the provisions of this Chapter VI applicable to Development Plans, and the applicable provisions of the Petroleum Law and any Contract.

6.6.2.2 Joint Development Plan

A Joint Development Plan shall be submitted to the Competent Body, as soon as reasonably practical, following a joint determination by the Operators that the requirements of Section 6.6.2 of these Regulations have been met.

6.6.2.3 Plan Information

All proposed Joint Development Plans shall include, where applicable, the following:

(a) the information required by Section 6.3 of these Regulations to the extent such information has not been previously delivered to the Competent Body;

(b) a copy of the proposed Joint Development Agreement and Joint Development Operating Agreement;

(c) a map which reflects the proposed Joint Development Area and details

6.6.2 Добровольная Совместная разработка

Компетентный орган может утвердить заявку на Совместную разработку Залежи(ей) Углеводородных ресурсов, если Совместная разработка (i) возможно будет способствовать или ускорять проведение Нефтяных работ; (ii) возможно будет способствовать рациональному использованию природных ресурсов и защищать права Операторов прилегающих территорий в отношении общей Залежи Углеводородных ресурсов; или (iii) иначе соответствует требованиям раздела 6.6.3 настоящих Правил.

6.6.2.1 Представление и утверждение

Прежде чем приступить в выполнению работ в соответствии с предложенным Планом совместной разработки, заявка на Совместную разработку должна быть представлена Компетентному органу и утверждена им в соответствии с настоящими Правилами, включая без ограничений положения данной главы применительно к Планам разработки, а также в соответствии с положениями Закона и Договора.

6.6.2.2 План совместной разработки

План совместной разработки должен быть представлен на рассмотрение Компетентного Органа по мере необходимости с последующим совместным соглашением Операторов о выполнении требований раздела 6.6.2 настоящей главы.

6.6.2.3 Содержание Плана

Все предлагаемые Планы совместной разработки должны включать, где это применимо, следующую информацию:

(а) информацию в соответствии с разделом 6.3. настоящих Правил, если такая информация не была ранее представлена Компетентному органу;

(б) копию предлагаемого Договора о Совместной разработке и эксплуатационного соглашения о Совместной разработке;

(в) карту с обозначением предлагаемой Территории совместной разработки и подробности участия по отдельным участкам

Rules for Development of the Hydrocarbon Fields of Turkmenistan in the "Golden Age" of Turkmen Nation (22 October 1999)
Правила разработки углеводородных месторождений в «Золотом Веке» туркменского народа (22 октября 1999 года)

Page | Страница 92 /201

the participation of separately owned or operated tracts in the Joint Development Area; and

(d) such other information as may be necessary to show that the proposed Joint Development Plan meets the requirements of Section 6.6.2 of these Regulations.

Территории совместной разработки, принадлежащим разным владельцам или операторам;

(г) любую другую информацию, необходимую для подтверждения того, что предлагаемый План совместной разработки соответствует требованиями раздела 6.6.2 данной главы.

Rules for Development of the Hydrocarbon Fields of Turkmenistan in the "Golden Age" of Turkmen Nation (22 October 1999)
Правила разработки углеводородных месторождений в «Золотом Веке» туркменского народа (22 октября 1999 года)

Page | Страница 93 /201

6.6.3 Compulsory Joint Development
The Competent Body may, either on its own initiative or upon the application of an Operator, require Joint Development of a single, continuous and common Reservoir if:

(i) Joint Development is required to conserve natural resources or protect the rights of adjacent Operators with respect to such Reservoir, and

(ii) the Petroleum accumulation in such Reservoir extends across the boundary of a Contract Area or License into the area which comprises a separate Contract Area or License.

6.6.3.1 *Procedure for Notice of Compulsory Joint Development*
The Competent Body shall provide a written notice of the proposed Joint Development to all interested Operators and Contractors.

The Operators and Contractors shall have one hundred and eighty (180) days after receipt of such notification to submit a voluntary Joint Development Plan to the Competent Body pursuant to Section 6.6.2 above.

If the interested Operators and Contractors fail to submit a voluntary Joint Development Plan within the specified time period, the Competent Body may provide all such parties with written notice of its intent to proceed under Sections 6.6.3.2, 6.6.3.3, 6.6.3.4 and 6.6.3.5 below and shall invite the Operator concerned to submit proposed Joint Development Areas for its consideration.

6.6.3.2 *Hearing*
All hearings of the Competent Body related to the proposed Joint Development shall be held at the principal office of the Competent Body in

6.6.3 Обязательная Совместная разработка
Компетентный орган может либо по своей собственной инициативе, либо на основании заявки Оператора потребовать проведения Совместной разработки единичной, непрерывной и общей Залежи, если

(i) Совместная разработка требуется для охраны природных ресурсов или защиты прав Операторов прилегающих территорий в отношении такой Залежи, и,

(ii) если скопление Углеводородных ресурсов в такой Залежи выходит за границы Договорной территории или лицензии на территорию, являющуюся частью другой Договорной территории или лицензии.

6.6.3.1 *Порядок уведомления об обязательной Совместной разработке*
Компетентный орган должен представить письменное уведомление о предлагаемой Совместной разработке всем заинтересованным Операторам и Подрядчикам.

Операторам и Подрядчикам должно быть представлено сто восемьдесят (180) дней после получения такого уведомления для представления плана добровольной Совместной разработки в Компетентный орган в соответствии с разделом 6.6.2 настоящих Правил.

Если заинтересованные Операторы и Подрядчики не представят план добровольной Совместной разработки в оговоренный срок, Компетентный орган может направить письменное уведомление всем таким сторонам о намерении действовать в соответствии с разделами 6.6.3.2, 6.6.3.3, 6.6.3.4 и 6.6.3.5 настоящих Правил и должен пригласить всех заинтересованных Операторов для рассмотрения предложенных Территорий совместной разработки.

6.6.3.2 *Слушания*
Все слушания Компетентного органа, относящиеся к предлагаемому Плану совместной разработки, проводятся в головном учреждении Компетентного органа в г. Ашхабаде, либо в

Rules for Development of the Hydrocarbon Fields of Turkmenistan in the "Golden Age" of Turkmen Nation (22 October 1999)
Правила разработки углеводородных месторождений в «Золотом Веке» туркменского народа (22 октября 1999 года)

Page | Страница 94 /201

Ashgabat, or at such other place in Ashgabat as designated by the Competent Body. The hearing shall commence on the date and at the time designated in the notice of proposed Joint Development. A transcript shall be made of the hearing and shall be made available for any interested Operator.

другом месте г. Ашхабада, определенном Компетентным органом. Дата и время начала слушаний указываются в уведомлении о предлагаемой Совместной разработке. Материалы слушаний записываются, и такие записи представляются любому Оператору, заинтересованному в их получении.

Rules for Development of the Hydrocarbon Fields of Turkmenistan in the "Golden Age" of Turkmen Nation (22 October 1999)
Правила разработки углеводородных месторождений в «Золотом Веке» туркменского народа (22 октября 1999 года)

Page | Страница 95 /201

6.6.3.3 Conduct of Hearing

Each hearing shall be called to order by a member of the Competent Body stating the purpose and scope of the hearing and identifying the issues upon which testimony will be heard. Every person appearing at the hearing shall state his or her name and address and shall identify the entity, which he or she represents. Thereafter, such person shall be deemed a party of record and shall be afforded a reasonable opportunity to present evidence, either in writing, orally or in the form of exhibits, which is related to the proposed Joint Development Area. If a party of record intends to offer written evidence or exhibits in testimony, such testimony or exhibits shall be filed with the Competent Body and provided to all Interested Parties not less than fifteen (15) days prior to the hearing.

6.6.3.4 Determination

Within sixty (60) days following conclusion of the hearing, the Competent Body shall analyze the testimony presented at the hearing and shall issue a determination which accomplishes one of the following: (i) adopts the proposed Joint Development Area as submitted by one of the Operators, (ii) adopts a version of the proposed Joint Development Area modified to take into account testimony presented at the hearing, (iii) makes a determination that no further action will be taken with respect to compulsory Joint Development.

6.6.3.5 Joint Development Plan

Within one hundred and eighty (180) days following a determination pursuant to Section 6.6.3.4 (i) or (ii) of these Regulations hereof, the affected Operators and Contractors shall jointly prepare and submit a Joint Development Plan to the Competent Body.

6.6.3.3 Проведение Слушаний

Слушания открывает член Компетентного органа, который указывает цель и содержание слушаний, а также определяет вопросы, по которым будут заслушаны показания. Лицо, явившееся на слушания, сообщает свое имя и адрес с указанием юридического лица, которое оно представляет. После этого такое лицо считается стороной по протоколу, и ему представляют разумно необходимую возможность внести, в письменной или устной форме, либо путем представления вещественных подтверждений, доказательства, касающиеся предложенной Территории для совместной разработки. Если сторона по протоколу намеревается предложить в свидетельских показаниях письменные доказательства или подтверждения, такие показания или подтверждения подаются Компетентному органу и представляются всем Заинтересованным сторонам не позднее чем за пятнадцать (15) дней до начала слушаний.

6.6.3.4 Решение

В течение шестидесяти (60) дней после завершения слушаний Компетентный орган обязан проанализировать представленные на слушаниях показания и вынести решение, согласно которому выполняется одно из ниже перечисленных: (i) предлагаемая Территория для совместной разработки утверждается согласно варианту, внесенному одним из Операторов; (ii) утверждается один из вариантов Территории для совместной разработки с изменениями, отражающими представленные на слушании показания; (iii) принимается решение о том, что по обязательной Совместной разработке последующих действий предприниматься не будет.

6.6.3.5 План совместной разработки

В течение ста восьмидесяти (180) дней после решения, вынесенного согласно вышеприведенному разделу 6.6.3.4 (i) либо разделу 6.6.3.4 данной главы, (ii) Операторы и Подрядчики должны совместно подготовить План совместной разработки и представить его в Компетентный орган.

Rules for Development of the Hydrocarbon Fields of Turkmenistan in the "Golden Age" of Turkmen Nation (22 October 1999)
Правила разработки углеводородных месторождений в «Золотом Веке» туркменского народа (22 октября 1999 года)

Page | Страница 96 /201

6.6.3.6 Conflicts

In the event of a conflict between the provisions of this Section 6.6.3 and the terms and provisions of a Contract entered into prior to the effective date of these Regulations, any Operator or Contractor may elect to proceed under the terms and provisions of the applicable Contract.

6.6.3.7 Relinquishment

Any Operator or Contractor may, at any time, elect to relinquish the area subject to Joint Development and such area shall then be withdrawn from the Contract.

6.6.3.8 Revocation of License

In the event an Operator or Contractor:

(i) fails to comply with a determination made pursuant to Section 6.6.3.4 of these Regulations or a determination made pursuant to 6.6.3.6, as the case may be, and

(ii) fails to relinquish the area subject to Joint Development pursuant to Section 6.6.3.7 of these Regulations, the Competent Body shall revoke the License issued for such area and the area will be withdrawn from the Contract.

6.7 Reporting Requirements

6.7.1 Records

Unless otherwise provided in a Contract, Operator shall prepare and maintain required records of all Development operations conducted under an approved Development Plan and shall deliver to the Competent Body all such information and reports which are required by these Regulations including, without limitation, Chapter XII hereof and the Law.

6.6.3.6 Конфликты

В случае конфликта между положениями этого раздела и условиями и положениями Договора, заключенного до даты вступления в силу настоящих Правил, любой Оператор или Подрядчик могут приступить к выполнению условий и положений соответствующего Договора.

6.6.3.7 Отказ от прав

Любой Оператор или Подрядчик может в любое время отказаться от права на территорию, подлежащую Совместной разработке, и данная территория будет исключена из Договора.

6.6.3.8 Аннулирование лицензии

В случае, если Оператор или Подрядчик:

(i) не соблюдает решение, принятое в соответствии с разделом 6.6.3.4, или решение, принятое в соответствии с разделом 6.6.3.6 данной главы, в случае возникновения такой ситуации, и

(ii) не передает территорию, подлежащую Совместной разработке в соответствии с разделом 6.6.3.7 данной главы, Компетентный орган аннулирует лицензию, выданную на такую территорию, и территория исключается из Договора.

6.7 Требования по отчетности

6.7.1 Отчетность

Если иное не предусмотрено в Договоре, Оператор должен составлять и вести требуемую отчетность по всем эксплуатационным работам, произведенным в соответствии с утвержденным Планом разработки, и должен представлять Компетентному органу всю эту информацию и отчетность, требуемую в соответствии с настоящими Правилами, включая, без ограничений, главу XII настоящих Правил, и Законом.

Rules for Development of the Hydrocarbon Fields of Turkmenistan in the "Golden Age" of Turkmen Nation (22 October 1999)
Правила разработки углеводородных месторождений в «Золотом Веке» туркменского народа (22 октября 1999 года)

Page | Страница 97 /201

CHAPTER VII - OPERATION OF PRODUCTION WELLS & FACILITIES

7.1 General Requirements

7.1.1 Conduct of Operations
Operator shall conduct all production operations in accordance with these Regulations and the applicable provisions of the Law.

7.1.2 Standard of Care
All production operations shall be conducted with due regard for, and in compliance with, International Oil Field Practice. Operator shall utilize the Best Available and Safest Technologies in order to conserve natural resources, protect the environment and protect the health and safety of the public and workers.

7.2 Production Safety Systems

7.2.1 General Requirement
Production safety systems shall be designed, installed, and operated in a manner to assure protection of the health and safety of the public and workers.

7.2.2 Subsurface Safety Systems
In high risk areas such as offshore wells and wells with dangerous concentrations of H2S and CO2 all tubing installations open to hydrocarbon bearing zones shall be equipped with Subsurface Safety Devices according to International Oil Field Practice.

7.2.3 Surface Facilities
All surface production facilities including, without limitation, separators,

ГЛАВА VII - ЭКСПЛУАТАЦИЯ ДОБЫВАЮЩИХ СКВАЖИН И СООРУЖЕНИЙ

7.1 Общие требования

7.1.1 Ведение работ
Оператор должен осуществлять все работы по эксплуатации в соответствии с настоящими Правилами и соответствующими положениями Закона.

7.1.2 Критерий разработки
Все работы по эксплуатации должны осуществляться с учетом и в соответствии с Международной нефтепромысловой практикой. Оператор должен применять Наилучшую существующую и безопасную технологию, направленную на рациональное использование природных ресурсов, охрану окружающей среды и здоровья людей, а также обеспечение безопасности населения и производственного персонала.

7.2 Системы безопасности при эксплуатации

7.2.1 Общие требования
Системы безопасности при эксплуатации должны проектироваться, устанавливаться и эксплуатироваться так, чтобы обеспечить охрану здоровья и безопасность населения и производственного персонала.

7.2.2 Подземные системы безопасности
В зонах высокого риска таких, как морские скважины и скважины с опасным содержанием сероводорода и углекислого газа, все насосно-компрессорные трубы, установленные на глубину нефтегазоносных пластов, должны быть оборудованы Подземными защитными устройствами в соответствии с Международной нефтепромысловой практикой.

7.2.3 Наземные сооружения
Все наземные эксплуатационные сооружения, включая, без ограничений, сепараторы, печи

Rules for Development of the Hydrocarbon Fields of Turkmenistan in the "Golden Age" of Turkmen Nation (22 October 1999)
Правила разработки углеводородных месторождений в «Золотом Веке» туркменского народа (22 октября 1999 года)

Page | Страница 98 /201

treaters, compressors, headers, and flow lines shall be designed, installed, and operated in a manner to assure protection of the environment, the health and safety of the public and workers and to prevent unauthorized discharge of Produced Waste which could be detrimental to the environment.

подогрева, компрессоры, коллекторы и выкидные линии, должны проектироваться, устанавливаться и эксплуатироваться так, чтобы обеспечить охрану окружающей среды, здоровья и безопасности населения и производственного персонала, а также предотвратить несанкционированный сброс Промышленных отходов, которые могут причинить вред окружающей среде.

Rules for Development of the Hydrocarbon Fields of Turkmenistan in the "Golden Age" of Turkmen Nation (22 October 1999)
Правила разработки углеводородных месторождений в «Золотом Веке» туркменского народа (22 октября 1999 года)

Page | Страница 99 /201

CHAPTER VII – OPERATION OF PRODUCTION WELLS & FACILITIES

7.2.3.1 Pressure Testing

Where applicable, Operator shall conduct pressure integrity and durability tests with respect to all Production equipment in accordance with International Oil Field Practice. In the event of an abnormal pressure decline or other indication of a leak or improper seal, the equipment shall be repaired, replaced or abandoned at Operator's discretion. Additional remedial action shall be taken until a satisfactory pressure test is obtained.

7.2.3.2 Corrosion Mitigation

Operator shall utilize effective means of preventing, monitoring and controlling corrosion caused by acid gases in both the downhole and surface portions of a Production system. Operator shall take specific corrosion monitoring and mitigating measures in areas of unusually severe corrosion where accumulation of water and/or higher concentrations of acid gases exist.

7.2.4 Compliance with Standard

All Subsurface Safety Devices and all surface production facilities shall meet the requirements of the standards referenced in Section 1.8.1 of these Regulations.

7.3 Production Rates

7.3.1 Maximum Efficient Rate

Reservoirs shall not be produced in excess of the Maximum Efficient Rate.

7.3.2 Maximum Production Rate

An initial Maximum Production Rate for each well shall be proposed in any relevant Plan by Operator taking into account such expected factors as

ГЛАВА VII – ЭКСПЛУАТАЦИЯ ДОБЫВАЮЩИХ СКВАЖИН И СООРУЖЕНИЙ

7.2.3.1 Опрессовка

Оператор, где это необходимо, должен провести гидравлические испытания на герметичность и прочность всего промыслового оборудования в соответствии с Международной нефтепромысловой практикой. В случае аномального снижения пластового давления или других показателей утечки или уплотнения оборудование должно быть отремонтировано, заменено или ликвидировано по усмотрению Оператора. Должны быть приняты дополнительные меры по исправлению до тех пор, пока не будут достигнуты удовлетворительные результаты опрессовки.

7.2.3.2 Предотвращение коррозии

Оператор должен использовать эффективные средства предотвращения, мониторинга и контроля за коррозией, вызываемой кислыми газами как внутри скважины, так и на поверхностной части промысловой системы. Оператор должен применять специальные меры по предотвращению и мониторингу коррозии в условиях повышенной коррозионной активности там, где существуют скопления воды и/или повышенные концентрации кислых газов.

7.2.4 Соблюдение стандартов

Все внутрискважинные защитные устройства и все наземные эксплуатационные сооружения должны соответствовать требованиям стандартов, ссылка на которые дана в разделе 1.8.1 настоящих Правил.

7.3 Нормы отбора

7.3.1 Максимальная эффективная норма

Залежи не должны эксплуатироваться с превышением Максимальной эффективной нормы.

7.3.2 Максимальная норма отбора

Первоначальная Максимальная норма отбора для каждой скважины должна предлагаться Оператором в соответствующем Плане, принимая во внимание ожидаемые ограничивающие

Rules for Development of the Hydrocarbon Fields of Turkmenistan in the "Golden Age" of Turkmen Nation (22 October 1999)
Правила разработки углеводородных месторождений в «Золотом Веке» туркменского народа (22 октября 1999 года)

Page | Страница 100 /201

CHAPTER VII – OPERATION OF PRODUCTION WELLS & FACILITIES

limitations imposed by well and surface equipment, sand production, gas-oil and water-oil ratios, location of perforated intervals, prudent operating practices, and the Operator's ability to transport and market any produced Petroleum. Wells shall not be produced in excess of the Maximum Production Rate. Subject to Section 1.2.4 of these Regulations, a revised Maximum Production Rate may be periodically proposed by the Operator and submitted to the Competent Body for approval. Pending issuance by the Competent Body of an approval or denial of such proposed Rate, the Operator may produce a well at the proposed Maximum Production Rate.

In the event the Competent Body does not approve a proposed Maximum Production Rate, the currently approved Rate for such well shall be reinstated and production thereafter brought into conformity with such Rate. In proposing any new Maximum Production Rate an Operator shall take into account any knowledge relating to the above identified factors.

ГЛАВА VII – ЭКСПЛУАТАЦИЯ ДОБЫВАЮЩИХ СКВАЖИН И СООРУЖЕНИЙ

факторы, связанные со скважинным и наземным оборудованием, вынос песка, газовый фактор, водонефтяной фактор, расположение перфорированных интервалов, целесообразные методы эксплуатации и возможности Оператора транспортировать и сбывать Углеводородные ресурсы. Скважины не должны эксплуатироваться с превышением Максимальной нормы отбора. В зависимости от условий раздела 1.2.4 настоящих Правил. Оператор может периодически пересматривать Максимальную норму отбора и представлять Компетентному органу для утверждения. На период ожидания утверждения или отклонения предложенной нормы Компетентным органом, Оператор может вести добычу при предложенной Максимальной норме отбора.

Если Компетентный орган отклоняет предложенную Максимальную норму отбора, то устанавливается ранее утвержденная норма и уровень добычи должен быть приведет в соответствии с такой нормой. При предложении новой Максимальной нормы отбора Оператор должен принять во внимание всю информацию, относящуюся к вышеперечисленным факторам.

Rules for Development of the Hydrocarbon Fields of Turkmenistan in the "Golden Age" of Turkmen Nation (22 October 1999)
Правила разработки углеводородных месторождений в «Золотом Веке» туркменского народа (22 октября 1999 года)

Page | Страница 101 /201

7.3.3 Competitive Reservoirs

Except as otherwise provided in Section 1.2.4 of these Regulations, in the event the bottom hole location of a well is less than 300 meters from the boundary of a Contract Area in which the ownership of contractual rights is different and the Reservoirs extend and are in communication with such Contract Area, the prior approval of the Competent Body is required in order to establish the Maximum Efficient Rate. The Competent Body may, in order to protect correlative rights, require a reduction in the Maximum Efficient Rate or the conduct of joint development pursuant to Chapter VIII of these Regulations.

7.4 Commingling

7.4.1 Application

An Operator should submit an application to commingle hydrocarbons produced from different Reservoirs within a common wellbore. Applications for commingling shall include the following information: (i) geological and reservoir engineering data, (ii) a schematic diagram of well equipment and completion techniques, (iii) other pertinent well information and (iv) description of measures to be taken to prevent flooding or seam degassing, cross-flowing of gas and liquid between formations, or the destruction of hydrocarbon bearing formations.

7.4.2 Approval

Except as otherwise provided in Section 1.2.4 of these Regulations, applications shall be approved where the commingled production will not reduce the Ultimate Economic Recovery of Petroleum from any Reservoir(s) so produced but, instead, will promote the conservation of Petroleum. Such Applications may be disposed of by approval of the Competent

7.3.3 Конкурентные залежи

Если иное не предусмотрено в разделе 1.2.4 настоящих Правил, в случае, когда точка забоя скважины находится на расстоянии менее 300 метров от границы Договорной территории с другим правом собственности на договорные обязательства и Залежи простираются и сообщаются с такой Договорной территорией, для установления Максимальной эффективной нормы требуется предварительное разрешение Компетентного органа. С целью защиты коррелятивных прав, Компетентный орган может потребовать уменьшения Максимальной эффективной нормы или проведения совместной разработки в соответствии с главой VIII настоящих Правил.

7.4 Совместная эксплуатация нескольких пластов

7.4.1 Заявка

Оператор должен подать заявку на совместную эксплуатацию нескольких пластов в одной скважине. Заявки должны содержать следующую информацию: (i) геологическое строение и данные исследования продуктивного пласта, (ii) схему скважинного оборудования и метод освоения, (iii) иную соответствующую информацию по скважине, (iv) описание мероприятий, направленных на предотвращение преждевременного обводнения или дегазации пластов, перетоков жидкости и газа между горизонтами или разрушения нефтегазосодержащих пород.

7.4.2 Утверждение

Если иное не предусмотрено в разделе 1.2.4 настоящих Правил, заявки утверждаются в тех случаях, когда совместная эксплуатация не уменьшит Конечную экономически обоснованную углеводородоотдачу из любой залежи, эксплуатирующейся таким способом, и будет способствовать рациональному использованию недр. Заявки могут быть утверждены Компетентным органом без проведения слушаний

Rules for Development of the Hydrocarbon Fields of Turkmenistan in the "Golden Age" of Turkmen Nation (22 October 1999)
Правила разработки углеводородных месторождений в «Золотом Веке» туркменского народа (22 октября 1999 года)

Page | Страница 102 /201

Body, without hearing or upon hearing pursuant to the provisions of Chapter XIII of these Regulations.

или в результате проведения слушаний, как это определено в главе XIII настоящих Правил.

Rules for Development of the Hydrocarbon Fields of Turkmenistan in the "Golden Age" of Turkmen Nation (22 October 1999)
Правила разработки углеводородных месторождений в «Золотом Веке» туркменского народа (22 октября 1999 года)

Page | Страница 103 /201

7.4.3 Standard of Care

All commingled production operations shall be conducted with due regard for, and in compliance with, International Oil Field Practice. Whenever economically practicable, multiple completion wells should provide an opportunity for stopping production from each separate completion, and for the testing and measurement of production from each separate Reservoir.

7.5 Production Measurement

7.5.1 General Requirement

Measurement systems and associated equipment shall be designed, installed, and operated in a manner to assure accurate and complete measurement of Petroleum produced at the Contract Area for the purpose of assuring compliance with the Law, these Regulations and the applicable Contract.

7.5.2 System Approval

Except as otherwise provided in Sections 1.2.3 and 1.2.4 of these Regulations, the Operator shall not commence production of Petroleum unless the Competent Body has approved the measurement system and associated equipment. The application for approval shall contain information sufficient to demonstrate that the system and associated equipment meets the requirements of the standards incorporated by reference pursuant to Chapter I of these Regulations.

7.5.3 System Components

Liquid Petroleum hydrocarbon measurement systems shall include, at a minimum, the following components: (i) a positive-displacement or other meter approved by the Competent Body, (ii) a calibrated prover tank, a master meter, a mechanical displacement prover or other device capable of proving the meter, (iii)

7.4.3 Критерий разработки

Все работы по совместной эксплуатации должны осуществляться с учетом и в соответствии с Международной нефтепромысловой практикой. Когда это экономически целесообразно, многопластовое освоение скважин должно обеспечивать возможность прекращения добычи из каждого отдельного интервала освоения, а также проведения испытаний и замеров добычи из каждой отдельной Залежи.

7.5 Замер добычи

7.5.1 Общие требования

Системы замера и относящееся к ним оборудование должны проектироваться, устанавливаться и эксплуатироваться так, чтобы обеспечить полные и точные замеры добытых Углеводородных ресурсов на Договорной территории и соблюдение Закона, настоящих Правил и соответствующего Договора.

7.5.2 Утверждение системы замеров

Если иное не предусмотрено в разделах 1.2.3 и 1.2.4 настоящих Правил, Оператор может приступить к добыче Углеводородных ресурсов только после того, как Компетентный орган утвердит системы замеров и относящееся к ним оборудование. Заявка на утверждение должна содержать информацию, достаточную для подтверждения, что система и относящееся к ней оборудование соответствуют требованиям стандартов, включенных в главу I настоящих Правил путем ссылки.

7.5.3 Компоненты системы

Системы замера жидких Углеводородных ресурсов должны включать, как минимум, следующие компоненты: (i) расходомер объемного типа или иной измерительный прибор, утвержденный Компетентным органом; (ii) откалиброванную проверочную емкость, контрольный расходомер, прибор для проверки с механическим вытеснением или иной прибор для

Rules for Development of the Hydrocarbon Fields of Turkmenistan in the "Golden Age" of Turkmen Nation (22 October 1999)
Правила разработки углеводородных месторождений в «Золотом Веке» туркменского народа (22 октября 1999 года)

Page | Страница 104 /201

a proportional-to-flow sampling device which is pulsed by the meter output, and (iv) a temperature measurement or temperature compensation device.

проверки расходомера; (iii) прибор для отбора проб, пропорциональных давлению с пульсацией, зависящей от пропускной способности расходомера; и (iv) прибор для замера или компенсации температуры.

Rules for Development of the Hydrocarbon Fields of Turkmenistan in the "Golden Age" of Turkmen Nation (22 October 1999)
Правила разработки углеводородных месторождений в «Золотом Веке» туркменского народа (22 октября 1999 года)

Page | Страница 105 /201

7.5.4 System Design

Sales meter facilities shall be designed to: (i) prevent reversal of flow through the meter, (ii) protect meters subjected to pressure pulsation or surges, (iii) prevent meters from being subjected to shock pressures which are greater than the maximum working pressure, and (iv) prevent bypassing of the meter.

7.5.4 Конструкция системы

Оборудование коммерческого расходомера должно быть сконструировано с целью: (i) предотвращения перемены направления потока через расходомер; (ii) защиты расходомеров от гидравлических ударов или значительной пульсации давления; (iii) защиты расходомеров от шоковых давлений, значительно превышающих максимальное рабочее давление; (iv) предотвращения прохождения потока мимо расходомера.

7.5.5 System Maintenance

Sales meter facilities shall be maintained to ensure the following: (i) meters are operated within the gravity range specified by the manufacturer; (ii) meters are operated within the manufacturer's specifications for maximum and minimum flow rates for linear accuracy; and (iii) meters are re-proven when changes in metering conditions affect the meters performance such as changes in pressure, temperature, density, viscosity and flow rate.

7.5.5 Техобслуживание системы

Оборудование коммерческого расходомера должно эксплуатироваться с целью обеспечения того, что: (i) расходомеры эксплуатируются в пределах значений плотности, предусмотренной изготовителем оборудования; (ii) расходомеры эксплуатируются в пределах значений максимального и минимального дебита для линейной точности; (iii) расходомеры повторно калибруются, если изменения в измерительных условиях влияют на работу расходомеров в отношении изменения давления, температуры, плотности, вязкости и дебита.

7.5.6 Testing and Calibration

Operator shall prove and calibrate all measurement systems and associated equipment at regularly scheduled intervals or upon the reasonable written request of the Competent Body. All such testing shall be conducted in accordance with International Oil Field Practice and the standards incorporated by reference pursuant to Chapter I of these Regulations. A representative from the Competent Body shall be invited to witness all such testing, and the test results shall be made available to the Competent Body for review.

7.5.6 Испытания и калибровка

Оператор должен испытывать и калибровать все системы замеров и относящееся к ним оборудование через равные промежутки времени или по обоснованному письменному требованию Компетентного органа. Все испытания должны проводиться в соответствии с Международной нефтепромысловой практикой и стандартами, включенными в главу I настоящих Правил путем ссылки. Представитель Компетентного органа должен быть приглашен для освидетельствования всех этих испытаний, и результаты испытаний должны представляться на рассмотрение Компетентного органа.

7.6 Underground Gas Storage

7.6 Подземное хранение газа

7.6.1 General Requirement

The reinjection and underground storage

7.6.1 Общие требования

Повторная закачка газа в пласт и подземное

Rules for Development of the Hydrocarbon Fields of Turkmenistan in the "Golden Age" of Turkmen Nation (22 October 1999)
Правила разработки углеводородных месторождений в «Золотом Веке» туркменского народа (22 октября 1999 года)

Page | Страница 106 /201

of gas shall be accomplished in a manner which assures the protection of subsurface resources and the prevention of Produced Waste.

7.6.2 Plan Approval

Except as otherwise provided in Section 1.2.4 of these Regulations, the Operator shall not commence any subsurface reinjection or storage project unless the Competent Body has approved the project. The application for approval shall contain information sufficient to demonstrate that the project is required in order to achieve one or more of the following: (i) increase the Ultimate Economic Recovery of Petroleum; (ii) prevent the flaring of casinghead gas; (iii) meet the requirements of seasonal fluctuations in gas demand; (iv) provide economic benefit to both Contractor and the Competent Body; or (v) is required in order to achieve other conservation measures approved by the Competent Body.

7.6.3 Plan Information

In addition to the data required under Sections 7.6.2 and 7.5.3 of these Regulations, any application for any subsurface re-injection or storage project shall include the following: (i) geological information related to the project including characteristics of the cap rock, such as areal extent, average thickness, and threshold pressure; (ii) oil and gas reserves of storage zones prior to the start of injection operations; (iii) a list of proposed surface and subsurface safety devices, tests, and precautions to be taken to ensure safety of the project; (iv) the proposed water disposal method; and (v) an inventory of all wells previously drilled into or through the project area.

7.7 Reporting Requirements

хранение газа должны осуществляться таким образом, чтобы обеспечить охрану недр и предотвратить образование Промышленных отходов.

7.6.2 Утверждение плана

Если иное не предусмотрено в разделе 1.2.4 настоящих Правил, Оператор должен приступить к проекту по повторной закачке газа или подземному хранению газа только после того, как Компетентный орган утвердит проект. Заявка на утверждение проекта должна содержать достаточную информацию, демонстрирующую, что проект необходим для достижения одной или нескольких из нижеперечисленных целей: (i) повышения Конечной экономически обоснованной углеводородоотдачи; (ii) предотвращения сжигания попутного газа; (iii) соответствия требованиям сезонных изменений спроса на газ, (iv) обеспечения экономической выгоды для Подрядчика и Компетентного органа; (v) достижения мер по охране недр и рациональному использованию, утвержденных Компетентным органом.

7.6.3 Содержание плана

В дополнение к данным, перечисленным в разделах 7.6.2 и 7.5.3 настоящих Правил, заявка на проект по повторной закачке газа в пласт и подземному хранению газа должна содержать следующую информацию: (i) геологические данные по проекту, в том числе характеристики покрывающей породы, такие как пространственная протяженность, средняя мощность пласта и пороговое давление; (ii) запасы нефти и газа в зонах хранения до начала работ по нагнетанию в пласт; (iii) список предлагаемых наземных и подземных защитных устройств, виды испытаний и меры предосторожности для обеспечения безопасности проекта; (iv) предлагаемый метод утилизации воды; (v) инвентаризация всех скважин, ранее пробуренных в проектной зоне или через нее.

7.7 Требования по отчетности

Rules for Development of the Hydrocarbon Fields of Turkmenistan in the "Golden Age" of Turkmen Nation (22 October 1999)
Правила разработки углеводородных месторождений в «Золотом Веке» туркменского народа (22 октября 1999 года)

Page | Страница 107 /201

7.7.1 Records

Operator shall prepare and maintain required records of all Petroleum Operations which are conducted during production operations and shall deliver to the Competent Body all such information and reports which are required by these Regulations including, without limitation, Chapter XII hereof, the Law and the provisions of any Contract

7.7.1 Отчетность

Оператор должен составлять и вести требуемую отчетность по всем Нефтяным работам, произведенным в ходе эксплуатации, и должен представлять эту информацию и отчеты в Компетентный орган в соответствии с положениями данных Правил, включая главу XII, но, не ограничиваясь ею, Законом и положениями Договора.

Rules for Development of the Hydrocarbon Fields of Turkmenistan in the "Golden Age" of Turkmen Nation (22 October 1999)
Правила разработки углеводородных месторождений в «Золотом Веке» туркменского народа (22 октября 1999 года)

Page | Страница 108 /201

CHAPTER VIII – CONSERVATION OF OIL & GAS RESOURCES

CHAPTER VIII - CONSERVATION OF OIL & GAS RESOURCES

8.1. General Requirements

8.1.1 Conduct of Operations
Operator shall conduct all Petroleum Operations in accordance with an approved Exploration, Appraisal or Development Plan, these Regulations and the applicable provisions of the Law.

8.1.2 Standard of Care
All relevant Plans shall be developed and implemented with due regard for, and in compliance with, International Oil Field Practice, together with the goals of conservation of natural resources, protection of the health and safety of the public, and protection of the environment including, but not limited to, the prevention of subsurface pollution of fresh ground water aquifers, or water used for industrial purposes, and the protection of known and discovered holy sites and cultural resources.

8.1.3 Plan Requirements
Relevant Plans shall provide for well location and spacing which, to the maximum extent possible, supports the conservation of natural resources, the production of oil and gas at the Maximum Efficient Rate, and the avoidance of the drilling of unnecessary wells. Wherever practicable, said Plans shall provide for the use of the Best Available and Safest Technologies, and shall provide for reliable estimate of recoverable and non-recoverable reserves. Relevant Plans shall also contain provisions that Petroleum Operations comply with all requirements of environmental protection as set forth in Chapter IX of these Regulations or in other applicable laws of Turkmenistan.

ГЛАВА VIII – ОХРАНА НЕДР И РАЦИОНАЛЬНОЕ ИСПОЛЬЗОВАНИЕ ЗАПАСОВ НЕФТИ И ГАЗА

ГЛАВА VIII - ОХРАНА НЕДР И РАЦИОНАЛЬНОЕ ИСПОЛЬЗОВАНИЕ ЗАПАСОВ НЕФТИ И ГАЗА

8.1 Общие требования

8.1.1 Ведение работ
Оператор должен проводить все Нефтяные работы в соответствии с утвержденными Планами разведки, оценки или разработки, настоящими Правилами и соответствующими положениями Закона.

8.1.2 Критерий разработки
Все соответствующие Планы должны разрабатываться и осуществляться с учетом и в соответствии с Международной нефтепромысловой практикой, с целью охраны природных ресурсов, защиты здоровья людей и обеспечения их безопасности, охраны окружающей среды, включая, но, не ограничиваясь этим, предотвращение загрязнения подземных вод, используемых для питьевого и промышленного водоснабжения, а также охрану известных и обнаруженных памятников истории, культуры и религии.

8.1.3 Требования к планам
Соответствующие Планы должны предусматривать размещение и плотность сетки скважин, которые наилучшим образом способствуют сохранению природных ресурсов, обеспечению Максимальной эффективной нормы добычи нефти и газа и предотвращению бурения излишнего количества скважин. В случаях, где это представляется целесообразным, данные Планы должны обеспечивать применение Наилучших существующих и безопасных технологий, и должны обеспечивать достоверный учет извлекаемых и оставляемых в недрах запасов. Указанные Планы должны также содержать положения о соблюдении всех требований по охране окружающей среды при проведении Нефтяных работ в соответствии с главой IX настоящих Правил или иного применимого законодательства Туркменистана.

Rules for Development of the Hydrocarbon Fields of Turkmenistan in the "Golden Age" of Turkmen Nation (22 October 1999)
Правила разработки углеводородных месторождений в «Золотом Веке» туркменского народа (22 октября 1999 года)

Page | Страница 109 /201

Rules for Development of the Hydrocarbon Fields of Turkmenistan in the "Golden Age" of Turkmen Nation (22 October 1999)
Правила разработки углеводородных месторождений в «Золотом Веке» туркменского народа (22 октября 1999 года)

Page | Страница 110 /201

CHAPTER VIII – CONSERVATION OF OIL & GAS RESOURCES

8.2 Gas Flaring and Venting

8.2.1 General Requirements

Except as otherwise provided in Sections 1.2.3 and 1.2.4 of these Regulations, an Operator may flare or vent oil-well gas or gas-well gas without receiving prior approval from the Competent Body only in the following situations:

(i) when gas vapors are flared or vented in small volumes from storage vessels or other low-pressure production vessels and cannot be economically recovered, and

(ii) during an equipment failure or to relieve system pressures.

8.2.2 Conditions

Except as otherwise provided in Sections 1.2.3 and 1.2.4 of these Regulations, the Operator must comply with the following conditions:

(a) Operator must not flare or vent oil-well gas for more than 48 continuous hours unless the Competent Body approves. The Competent Body may specify a limit of less than 48 hours to prevent air quality degradation

(b) Operator must not flare or vent gas from a facility for more than 144 cumulative hours during any calendar month unless the Competent Body approves.

(c) Operator must not flare or vent gas-well gas beyond the time required to eliminate an emergency unless the Competent Body approves.

8.2.3 Well Unloading or Cleaning

During the unloading or cleaning of a well, drill-stem testing, production testing, wireline intervention, coiled tubing work, stimulation or other well-

ГЛАВА VIII – ОХРАНА НЕДР И РАЦИОНАЛЬНОЕ ИСПОЛЬЗОВАНИЕ ЗАПАСОВ НЕФТИ И ГАЗА

8.2 Сжигание и сбрасывание газа.

8.2.1 Общие требования

Если иное не предусмотрено в разделах 1.2.3 и 1.2.4 настоящих Правил, Оператор может сжигать или сбрасывать газ из нефтяной скважины или газ из газовой скважины без получения предварительного разрешения от Компетентного органа только в следующих случаях:

(i) когда пары газа сжигаются или сбрасываются из резервуаров для хранения или иных промысловых емкостей с низким давлением в незначительных объемах, и их улавливание экономически нецелесообразно, (ii) во время аварийной остановки оборудования или для сброса давления системы.

8.2.2 Требования

Если иное не предусмотрено в разделах 1.2.3 и 1.2.4 настоящих Правил, Оператор должен соблюдать следующие требования:

(а) Оператор не может сжигать или сбрасывать газ из нефтяной скважины в течение более 48 непрерывных часов без разрешения Компетентного органа. Компетентный орган может установить предел менее 48 часов с целью предотвращения ухудшения качества воздуха;

(б) Оператор не может сжигать или сбрасывать газ с наземного сооружения в течение более 144 совокупных часов за любой календарный месяц;

(в) Оператор не может без разрешения Компетентного органа сжигать или сбрасывать газ из газовой скважины дольше, чем это требуется для ликвидации аварийной ситуации.

8.2.3 Откачка или чистка скважины

Во время откачки или чистки скважины, испытания пласта на бурильной колонне, испытания скважины на приток, выполнения работ на кабеле, гибких насосно-компрессорных

Rules for Development of the Hydrocarbon Fields of Turkmenistan in the "Golden Age" of Turkmen Nation (22 October 1999)
Правила разработки углеводородных месторождений в «Золотом Веке» туркменского народа (22 октября 1999 года)

Page | Страница 111 /201

evaluation testing, oil-well gas flaring or venting will be allowed for a reasonable period of time in compliance with International Oil Field Practice. The Competent Body may allow less time to prevent air quality degradation or more time if the Operator needs additional time to evaluate reservoir parameters.

трубах или иных работ по испытанию скважины сжигание или сброс газа из нефтяной скважины будет разрешен в течение обоснованного периода времени в соответствии с Международной нефтепромысловой практикой. Компетентный орган может установить меньший временной предел с целью предотвращения ухудшения качества воздуха или больший предел в случае необходимости дополнительной оценки параметров Залежи Оператором.

Rules for Development of the Hydrocarbon Fields of Turkmenistan in the "Golden Age" of Turkmen Nation (22 October 1999)
Правила разработки углеводородных месторождений в «Золотом Веке» туркменского народа (22 октября 1999 года)

Page | Страница 112 /201

CHAPTER VIII – CONSERVATION OF OIL & GAS RESOURCES

8.3 Approval Procedure

8.3.1 Determination

The Competent Body declares that the flaring or venting of oil-well gas is a wasteful practice and is harmful to the environment. Except as otherwise provided in Sections 1.2.3 and 1.2.4 of these Regulations, the Competent Body shall allow the Operator to flare or vent oil-well gas for up to 1 year for one of the following reasons:

(a) The Operator initiated an action which, when completed, will eliminate flaring and venting; or

(b) The Operator submitted an evaluation supported by engineering, geological, and economic data indicating that either:

  (i) in the reasonable opinion of the Operator the oil and gas produced from the well(s) will not economically support the facilities necessary to save and/or sell the gas;

  (ii) there is not enough gas to market; or

  (iii) in the reasonable opinion of the Operator there is no commercially viable market for the gas.

8.3.2 Exceptions

Except as otherwise provided in Sections 1.2.3 and 1.2.4 of these Regulations, Operator may burn produced liquid hydrocarbons only if the Competent Body approves. To burn produced liquid hydrocarbons, the Operator must demonstrate that the amounts to burn would be minimal, or that the alternatives are infeasible or pose a significant risk that may harm offshore personnel or the

ГЛАВА VIII – ОХРАНА НЕДР И РАЦИОНАЛЬНОЕ ИСПОЛЬЗОВАНИЕ ЗАПАСОВ НЕФТИ И ГАЗА

8.3 Порядок утверждения

8.3.1 Решение

Компетентный орган заявляет, что сжигание или сброс газа из нефтяной скважины представляет собой нерациональное использование ресурсов и оказывает отрицательное влияние на окружающую среду. Если иное не предусмотрено в разделах 1.2.3 и 1.2.4 настоящих Правил, Компетентный орган должен разрешить Оператору сжигать или сбрасывать газ из нефтяных скважин в течение срока до 1 года по одной из следующих причин:

(а) Оператор предпринял проект, осуществление которого приведет к отмене сжигания или сброса газа; или

(б) Оператор представил заключение на основании инженерных, геологических и экономических данных, свидетельствующих о том, что:

  (i) по обоснованному мнению Оператора нефть и газ, добытые из скважин(ы), не обеспечивают экономической рентабельности сооружений, необходимых для сохранения и/или сбыта газа;

  (ii) объемы добываемого газа недостаточны для сбыта;

  (iii) по обоснованному мнению Оператора нет коммерчески оправданного рынка для газа.

8.3.2 Исключения

Если иное не предусмотрено в разделах 1.2.3 и 1.2.4 настоящих Правил, Оператор может сжигать извлеченные жидкие углеводороды только после разрешения Компетентного органа. Для получения разрешения на сжигание извлеченных жидких углеводородов Оператор должен доказать, что сжигаемые объемы будут минимальные или что альтернативные варианты нецелесообразны, или представляют значительную угрозу производственному

Rules for Development of the Hydrocarbon Fields of Turkmenistan in the "Golden Age" of Turkmen Nation (22 October 1999)
Правила разработки углеводородных месторождений в «Золотом Веке» туркменского народа (22 октября 1999 года)

Page | Страница 113 /201

environment. Alternatives to burning liquid hydrocarbons include transporting the liquids or storing and re-injecting them into a producible zone.

8.4 Reporting Requirements

8.4.1 Records
Operator must prepare records to be submitted every three (3) months to the Competent Body detailing gas flaring or venting and liquid hydrocarbon burning for each facility. The records must include, at a minimum:

(a) daily volumes of gas flared or vented and liquid hydrocarbons burned;

(b) number of hours of flaring, venting, or burning on a daily basis;

(c) reasons for flaring, venting, or burning; and

(d) a list of the wells contributing to flaring, venting, or burning, along with the gas-oil ratio data.

персоналу или окружающей среде. Альтернативами сжиганию жидких углеводородов являются их транспортировка или хранение и закачка жидких углеводородов обратно в пласт.

8.4 Требования по отчетности

8.4.1 Отчетность
Оператор должен вести подробный учет сжигания или сброса газа и сжигания жидких углеводородов по каждому сооружению для представления Компетентному органу каждые три (3) месяца. Документы по учету должны содержать, как минимум, следующую информацию:

(а) ежедневные объемы сжигаемого или сброшенного газа и объемы сжигаемых жидких углеводородов;

(б) ежедневное количество часов, в течение которых происходило сжигание или сброс газа или сжигание жидких углеводородов;

(в) причины сжигания, сброса газа или сжигания жидких углеводородов;

(г) список скважин, из которых извлекается сжигаемый или сброшенный газ или сжигаемые жидкие углеводороды, включая данные о соотношении нефти и газа.

Rules for Development of the Hydrocarbon Fields of Turkmenistan in the "Golden Age" of Turkmen Nation (22 October 1999)
Правила разработки углеводородных месторождений в «Золотом Веке» туркменского народа (22 октября 1999 года)

Page | Страница 114 /201

CHAPTER IX - ENVIRONMENTAL PROTECTION

9.1 General Requirements

9.1.1 Goals and Policies
In furtherance of the recognized goals and policies of Turkmenistan to secure the rational and effective exploitation of the natural resources, to restore and preserve ecosystems and bioresources, enhance living conditions and health of the population, to preserve historical, natural, holy and cultural sites, the Competent Body requires that Operators shall conduct all Petroleum Operations in a manner calculated to foster and promote such goals and policies.

9.1.2 Conduct of Operations
Operator shall conduct all Petroleum Operations in accordance with an approved Exploration, Appraisal or Development Plan and these Regulations. Any such relevant Plan shall be developed with due regard to requirements of environmental protection.

9.2 Environmental Impact Assessment

9.2.1 Environmental Impact Assessment (EIA) and Environmental Protection Plan (EPP)
As part of an application for approval of any License or Plan, an Operator shall prepare and submit both (i) an EIA to be used for analysis of the potential environmental impacts which may result from the proposed Petroleum Operations and (ii) an EPP, which identifies the measures the Operator proposes to undertake to prevent adverse environmental impacts, including replanting and reclamation of the Contract Area. Any EIA and EPP submitted in the application for any License or Plan will be the basis for all

ГЛАВА IX - ОХРАНА ОКРУЖАЮЩЕЙ СРЕДЫ

9.1 Общие требования

9.1.1 Цели и задачи
В целях реализации поставленных задач и политики Туркменистана по обеспечению рациональной и эффективной эксплуатации природных ресурсов, восстановления и сохранения экосистем и биоресурсов, улучшения жизненных условий и здоровья населения, сохранения исторических, природных, культурных памятников и мест паломничества, Компетентный орган требует, чтобы Оператор осуществлял все Нефтяные работы таким образом, чтобы способствовать выполнению этих целей и задач.

9.1.2 Ведение работ
Оператор должен осуществлять все Нефтяные работы в соответствии с утвержденными Планами разведки, оценки или разработки и настоящими Правилами. Все соответствующие Планы должны разрабатываться с учетом требований охраны окружающей среды.

9.2 Оценка воздействия на окружающую среду

9.2.1 Отчет об оценке воздействия на окружающую среду (ОВОС) и план по охране окружающей среды (ПООС)
При подаче заявки на утверждение любой лицензии или Плана, Оператор должен подготовить и представить: (i) ОВОС, предназначенный для анализа потенциального воздействия на окружающую среду, которое может произойти в результате предлагаемых Нефтяных работ, и (ii) ПООС, который определяет меры, предлагаемые Оператором для предотвращения негативного воздействия на окружающую среду, включая рекультивацию и восстановление Договорной территории. Любой ОВОС и ПООС, представленные в заявке на любую лицензию или План будут основой для всех последующих редакций ОВОСа и ПООСа.

Rules for Development of the Hydrocarbon Fields of Turkmenistan in the "Golden Age" of Turkmen Nation (22 October 1999)
Правила разработки углеводородных месторождений в «Золотом Веке» туркменского народа (22 октября 1999 года)

Page | Страница 115 /201

future EIA and EPP submissions. Such submissions shall only include new and revised data not previously addressed by the initial EIA and EPP or subsequent amendments.

9.2.2 Report Information

All proposed Environmental Impact Assessments shall include, but not be limited to, (i) an assessment of the effects on environment or cultural sites expected to occur as a result of implementation of the relevant Plan, and (ii) identification of specific and cumulative impacts that may occur both onshore and offshore for each major element of the environment, including magnitude and duration. Such reports shall include a description of the following environmental characteristics:

(a) air quality;

(b) surface, groundwater and sea water availability and water quality, including water supply for the applicable Petroleum Operations to be undertaken;

(c) soil, karst caverns and sea bed characteristics for Offshore Operations, and natural, topographical and ecological features such as a floodplain, wetlands, Coastal Zones, and special protected territories;

(d) flora and fauna, including protection of endangered species and biodiversity distribution;

(e) health and distribution of population in and adjacent to planned operations using five years of historical data, if available, from at least two identified and different sources;

(f) if available, climatological data and, for offshore operations, sea level data to establish ten year extremes for tidal fluctuations;

Указанные редакции будут включать только новые и пересмотренные данные, которые ранее не рассматривались в первоначальных ОВОСах и ПООСах или при последующих поправках.

9.2.2 Содержание отчета

Все предлагаемые ОВОСы должны содержать, но не ограничиваться только этим, следующее: (i) оценка ожидаемого воздействия на окружающую среду или культурные памятники в результате осуществления соответствующего Плана, и (ii) выявление единичного и суммарного воздействия на каждый основной компонент окружающей среды на суше и на море, включая масштаб и длительность воздействия. Данные отчеты должны содержать описание следующих параметров окружающей среды:

а) качество воздуха;

(б) наличие и качество поверхностных, подземных и морских вод, включая источники воды для проведения соответствующих Нефтяных работ;

(в) характеристика почв, карстовых полостей и осадочных пород для морских Нефтяных работ, и иные природные, топографические и экологические характеристики, такие как поймы, затапливаемые территории, Береговые зоны и особо охраняемые территории;

(г) флора и фауна, включая защиту исчезающих биологических видов и распределение биологических видов;

(д) состояние здоровья и распределение населения в зоне запланированных работ и на прилегающих территориях на основе данных за пять предыдущих лет (при их наличии), по меньшей мере, из двух разных обозначенных источников информации;

(е) климатологические данные (при их наличии), а для морских работ данные уровня моря за последние десять лет для установления крайних значений приливов и отливов;

Rules for Development of the Hydrocarbon Fields of Turkmenistan in the "Golden Age" of Turkmen Nation (22 October 1999)
Правила разработки углеводородных месторождений в «Золотом Веке» туркменского народа (22 октября 1999 года)

Page | Страница 116 /201

CHAPTER IX – ENVIRONMENT PROTECTION

(g) a survey for archeological, holy, and cultural sites, as well as other geological landmarks or mineral collecting sites;

(h) a map of the oil-field construction sites showing the borders on protection zones and preserves, and the sanitary protection zones on a scale(s) acceptable for the Competent Body;

(i) the engineering, geological, tectonic characteristics of the area, including identification of those rock strata, which may potentially cause structural instability for construction of roads, dams, platforms, pipelines, etc.;

(j) any other relevant characteristics, which may be reasonably required by the Competent Body, based on prior knowledge of a specific site; and

(k) based on available data, socioeconomic impacts from Petroleum Operations.

ГЛАВА IX – ОХРАНА ОКРУЖАЮЩЕЙ СРЕДЫ

(ж) исследование археологических, культурных памятников и мест паломничества, включая иные геологические ориентиры или места отбора минералов;

(з) карта-схема участков строительства нефтепромысловых объектов с указанием границ охранных зон и заповедных территорий, границ санитарно-защитной зоны в масштабе(ах) приемлемом для Компетентного органа;

(и) инженерные, геологические, тектонические характеристики территории, включая данные о напластовании пород, которые могут потенциально вызвать структурную нестабильность при возведении дамб, строительстве дорог, платформ, трубопроводов и т.д.;

(к) иные соответствующие характеристики, которые может обоснованно потребовать Компетентный орган на основании наличия предыдущей информации об участке; и

(з) социо-экономические факторы воздействия в результате осуществления нефтяных работ, на основе имеющихся данных.

Rules for Development of the Hydrocarbon Fields of Turkmenistan in the "Golden Age" of Turkmen Nation (22 October 1999)
Правила разработки углеводородных месторождений в «Золотом Веке» туркменского народа (22 октября 1999 года)

Page | Страница 117 /201

9.2.3 Adequacy of Environmental Impact Assessment

The Competent Body shall, within thirty (30) days of receipt of an application for a license including an EIA and the Environmental Protection Plan, issue a finding whether the EIA is complete and adequate for purposes of processing of the application for a license. An application for a license shall not be deemed to be filed until a finding of adequacy has been issued by the Competent Body.

9.2.4 Public Involvement

Interested persons may obtain information concerning any pending Environmental Impact Assessment including any relevant findings of adequacy, by contacting the Competent Body or the local environmental agencies.

9.2.5 Approval of Environmental Protection Plan

Approval of an Environmental Protection Plan is a necessary prerequisite to the granting of any license. The Competent Body may approve an Environmental Protection Plan:

(i) without modification, if the EIA, considered together with the Environmental Protection Plan, indicates that the proposed Petroleum Operations will not significantly affect the quality of the environment or degrade holy or cultural sites; or,

(ii) (ii) with modifications provided that changes have been made in the Environmental Protection Plan or proposed Petroleum Operations that would reduce adverse environmental impact to levels deemed by the Competent Body to be acceptable.

9.2.6 Environmental Protection Plan Information

9.2.3 Достаточность отчета о воздействии на окружающую среду (ОВОС)

В течение тридцати (30) дней со дня получения заявки на лицензию, содержащую ОВОС и план по охране окружающей среды, Компетентный орган должен сделать заключение, о том, является ли ОВОС полным и достаточным для целей утверждения заявки на лицензию. Заявка на лицензию не считается официально поданной, пока Компетентный орган не выдаст заключение о достаточности информации.

9.2.4 Участие общественности

Заинтересованные лица могут получить информацию, касающуюся любого отчета о воздействии на окружающую среду (ОВОС), включая соответствующие заключения о достаточности информации, путем обращения в Компетентный орган или в природоохранные органы на местах.

9.2.5 Утверждение плана по охране окружающей среды

Утверждение плана по охране окружающей среды является обязательным условием выдачи лицензии. Компетентный орган может утвердить план по охране окружающей среды (i) без изменений, если ОВОС, рассматриваемый совместно с планом по охране окружающей среды, демонстрирует, что предлагаемые Нефтяные работы не приведут к значительному воздействию на окружающую среду или негативному влиянию на культурные памятники и места паломничества; или (ii) с изменениями, при условии внесения изменений в план по охране окружающей среды или предлагаемые Нефтяные работы, что приведет к снижению негативного воздействия на окружающую среду до уровней, которые Компетентный орган посчитает приемлемыми.

9.2.6 Содержание плана по охране окружающей среды

Rules for Development of the Hydrocarbon Fields of Turkmenistan in the "Golden Age" of Turkmen Nation (22 October 1999)
Правила разработки углеводородных месторождений в «Золотом Веке» туркменского народа (22 октября 1999 года)

Page | Страница 118 /201

CHAPTER IX – ENVIRONMENT PROTECTION

All Environmental Protection Plans shall include the following:

(a) comprehensive program for monitoring air, water, soil resources, flora, fauna and for control of wastes;

(b) Spill Contingency Plan;

(c) a plan for the storage, transportation, treatment, neutralization and disposal of waste;

(d) procedures for site abandonment at the end of Petroleum Operations;

(e) procedures for reporting discovered archeological, cultural and holy sites;

(f) air quality protection plan;

(g) any other relevant elements reasonably requested by the Competent Body to cover special situations regarding environmental protection.

ГЛАВА IX – ОХРАНА ОКРУЖАЮЩЕЙ СРЕДЫ

Все планы по охране окружающей среды должны содержать следующее:

(а) полная программа мониторинга воздуха, воды, почвы, флоры и фауны и контроля за отходами;

(б) план ликвидации Разлива;

(в) план хранения, транспортировки, очистки, обезвреживания и удаления отходов,

(г) порядок ликвидации участка после окончания Нефтяных работ;

(д) порядок отчетности по обнаруженным археологическим, культурным памятникам и местам паломничества;

(е) план охраны атмосферного воздуха;

(ж) иная соответствующая информация, по обоснованному требованию Компетентного органа, для особых случаев, касающихся охраны окружающей среды.

Rules for Development of the Hydrocarbon Fields of Turkmenistan in the "Golden Age" of Turkmen Nation (22 October 1999)
Правила разработки углеводородных месторождений в «Золотом Веке» туркменского народа (22 октября 1999 года)

Page | Страница 119 /201

9.3 Monitoring

9.3.1 Monitoring System

A required element of any Environmental Protection Plan is a monitoring system for obtaining comprehensive current information on applicable environmental parameters and on the nature of potential environmental impacts foreseeable as a result of the proposed Petroleum Operations. Applicable environmental parameters shall continue to be monitored throughout the entire duration of Petroleum Operations. In furtherance of the environmental protection goals as set forth throughout these Regulations, environmental components to be monitored from an ecological standpoint include the following:

(a) air quality;
(b) surface, ground and sea water quality;
(c) soil and sea bed sediments;
(d) flora and fauna, including species endangerment;
(e) a survey for archeological, holy, and cultural sites, as well as other geological landmarks or mineral collecting sites;
(f) energy usage; and
(g) disposal of wastes.

9.4 Spill Contingency Plan

9.4.1 Submission of the Plan

As part of an Environmental Protection Plan, an Operator shall submit a Spill Contingency Plan concerning any activity that could potentially result in a spill.

9.4.2 Plan Modifications

A Spill Contingency Plan shall be reviewed annually and updated as necessary by the Operator or when reasonably required by the Competent

9.3 Мониторинг

9.3.1 Система мониторинга

Обязательным элементом любого плана по охране окружающей среды должна быть система мониторинга для получения полной текущей информации по соответствующим параметрам окружающей среды и характеру предполагаемых потенциальных воздействий на окружающую среду

в результате осуществления Нефтяных работ. Мониторинг соответствующих параметров окружающей среды должен осуществляться на всём протяжении ведения Нефтяных работ. Для осуществления целей охраны окружающей среды, определенных в настоящих Правилах, компоненты окружающей среды, по которым должен проводиться экологический мониторинг, включают следующее:

(а) качество воздуха;
(б) качество поверхностных, подземных и морских вод;
(в) почва и донные отложения;
(г) флора и фауна, включая исчезающие биологические виды;
(д) исследование археологических, культурных памятников или мест паломничества, включая иные геологические ориентиры или места отбора минералов;
(е) использование энергии и
(ж) утилизация отходов.

9.4 План ликвидации Разливов

9.4.1 Представление плана

В качестве части плана охраны окружающей среды, Оператор должен представить план ликвидации Разливов, касающийся любой деятельности, которая может привести к потенциальному разливу.

9.4.2 Изменение плана

Все планы ликвидации разливов должны ежегодно пересматриваться и обновляться по усмотрению Оператора или по обоснованному требованию Компетентного органа. Все

Rules for Development of the Hydrocarbon Fields of Turkmenistan in the "Golden Age" of Turkmen Nation (22 October 1999)
Правила разработки углеводородных месторождений в «Золотом Веке» туркменского народа (22 октября 1999 года)

Page | Страница 120 /201

CHAPTER IX – ENVIRONMENT PROTECTION

ГЛАВА IX – ОХРАНА ОКРУЖАЮЩЕЙ СРЕДЫ

Body. All modifications to the Spill Contingency Plan, which might materially affect the Operator's response capabilities, shall be submitted and approved pursuant to the provisions of Section 3.4 and Section 6.4 of these Regulations.

изменения, внесенные в план ликвидации Разливов, которые могут значительным образом повлиять на возможности Оператора по ликвидации, должны представляться и утверждаться в соответствии с положениями разделов 3.4 и 6.4 настоящих Правил.

Rules for Development of the Hydrocarbon Fields of Turkmenistan in the "Golden Age" of Turkmen Nation (22 October 1999)
Правила разработки углеводородных месторождений в «Золотом Веке» туркменского народа (22 октября 1999 года)

Page | Страница 121 /201

9.4.3 Plan Information

All proposed Spill Contingency Plans shall include the following:

(a) a map of the Contract Area showing the location of proximal population centers, special ecological zones and protected natural territories, potential storage and disposal sites for contaminated fuel, petroleum, oily waste and chemicals and shoreline docking and refueling location;

(b) the identification, location and general inventory of spill response equipment, support vessels (offshore), and a list of trained personnel available for initiating response and procedures to be employed in responding to continuous oil discharges or spills of short duration and for reporting spills to the Competent Body;

(c) simulated training exercises utilized by the Operator to verify response times from equipment and personnel locations to each facility of the Operator where spills are most likely to occur or when special ecological conditions exist;

(d) a written dispersant plan including a list of dispersants which may be used, an assessment of their effectiveness when applied to different situations and a summary of their toxicity, chemical composition and properties if available;

(e) a procedure for inspecting facilities and equipment, along with the manner of record keeping of these inspections;

(f) a list of names, company positions or job responsibilities, addresses, phone and facsimile numbers and electronic mail address (if applicable) of responsible persons of the Operator;

9.4.3 Содержание плана

Все предлагаемые планы по ликвидации Разливов должны включать следующую информацию:

(а) карта Договорной территории с указанием расположения ближайших населенных пунктов, особых экологических зон и природоохранных территорий, потенциальных участков для хранения и сброса загрязненного топлива, углеводородов, нефтесодержащих отходов и химикатов и расположения береговых доков и мест заправки;

(б) список, расположение и общее количество оборудования для ликвидации разливов, вспомогательные емкости (для морских работ) и список обученного персонала для ликвидационных работ и меры, применяемые для ликвидации продолжительных выбросов нефти или кратковременных разливов, порядок представления отчетности по разливам в Компетентный орган;

(в) имитирующие тренировочные упражнения, применяемые Оператором для определения времени, необходимого персоналу и оборудованию, которые расположены на каждом объекте Оператора, для ликвидации разливов в наиболее потенциальных местах или при наличии особых экологических условий;

(г) план применения диспергаторов, с указанием диспергирующих веществ, которые могут применяться, оценки их эффективности в различных условиях и краткое описание их токсичности, химического состава и свойств (при наличии информации);

(д) порядок инспектирования производственных сооружений и оборудования, включая документирование таких инспекций;

(е) список имен, должностей или должностных обязанностей ответственных лиц Оператора, с указанием адресов, телефонов, номеров факсов и электронной почты (при наличии);

Rules for Development of the Hydrocarbon Fields of Turkmenistan in the "Golden Age" of Turkmen Nation (22 October 1999)
Правила разработки углеводородных месторождений в «Золотом Веке» туркменского народа (22 октября 1999 года)

Page | Страница 122 /201

(g) appropriate containment or diversionary structures or equipment to prevent discharged oil from escaping to surface waters or on the land surface, including containment for storage tanks and equipment;

(h) the telephone number of the Operator's Spill Response Coordinator and other persons who act in an alternate capacity as coordinator in the absence of the Spill Response Coordinator;

(i) the procedure to be used by the Operator to ensure at least one person trained in spill response is at an offshore facility at all times to avoid delay in initial response and notification;

(j) a list of state and local persons, provided by Competent Body after approval of the Spill Contingency Plan, including their phone numbers, who will participate in on-scene investigation and observe spill clean-up activities; and

(k) any other relevant requirement reasonably requested by the Competent Body relating to Spill Response.

(ж) описание соответствующих улавливающих или отводных конструкций или оборудования для предотвращения попадания сброшенной нефти на поверхность воды или суши, включая средства улавливания / локализации для емкостей-хранилищ и оборудования;

(з) телефонный номер координатора ликвидации Разливов Оператора и иных лиц в других должностях, исполняющих обязанности координатора ликвидации Разливов в случае его отсутствия;

(и) меры, предпринимаемые Оператором для обеспечения постоянного присутствия, по крайней мере, одного сотрудника, прошедшего инструктаж по ликвидации разливов, на морском объекте для избежания задержек на начальном этапе ликвидации и уведомления о разливе;

(к) список должностных лиц и представителей на местах, представленных Компетентным органом после утверждения плана ликвидации Разливов, с указанием телефонных номеров, которые примут участие в расследовании на месте происшествия и наблюдении за очистными работами;

(л) любое другое соответствующее требование, связанное с ликвидацией Разливов, по обоснованному требованию Компетентного органа.

Rules for Development of the Hydrocarbon Fields of Turkmenistan in the "Golden Age" of Turkmen Nation (22 October 1999)
Правила разработки углеводородных месторождений в «Золотом Веке» туркменского народа (22 октября 1999 года)

Page | Страница 123 /201

9.4.4 Spill Reporting

The Operator shall, as soon as is practicable but in no event later than 24 hours of discovery of any Significant Spill, submit a Spill Report to the Competent Body.

9.4.4.1 Report Information

The Spill Report shall contain the following information:

(a) the location(s) of the spill(s) by well number and geographical coordinates;

(b) the estimated volume of spillage and the nature of the spillage (oil, acid, produced water, etc.);

(c) the status of Operator's response at the time of the report.

9.4.4.2 Significant Oil Spill Reporting

In addition to the Spill Report required in Section 9.4.4.1 of these Regulations, the Operator shall submit periodic monitoring reports to the Competent Body concerning Significant Spills until it is determined that a harmful quantity of oil is no longer present.

9.4.4.3 Reporting Frequency

Spill Reports shall be submitted at intervals of no less than 5 (five) days or at more frequent intervals as required by the Competent Body depending on the seriousness of the Spill.

9.4.5 Spill Response and Cleanup Procedures

9.4.5.1 Spill Response

The Operator shall take immediate measures to contain and clean any Spill according to an approved Spill

9.4.4 Отчет о Разливе

Оператор должен как можно скорее, но не позднее чем в течение 24 часов с момента обнаружения любого Значительного разлива, представить отчет о Разливе в Компетентный орган.

9.4.4.1 Содержание отчета

Отчет о Разливе должен включать следующую информацию:

(а) местонахождение Разлива(ов) по номеру скважины и географическим координатам;

(б) расчетные объемы разлива и вид Разлива (нефть, кислота, пластовая вода и т.д.);

(в) меры, предпринятые Оператором на момент представления отчета.

9.4.4.2 Отчетность по Значительному разливу нефти

В дополнение к отчету по Разливу, в соответствии с разделом 9.4.4.1 настоящих Правил Оператор должен представлять в Компетентный орган периодические отчеты по мониторингу, касающиеся Значительных разливов, до тех пор, пока не установлено, что вредное количество нефти больше не присутствует.

9.4.4.3 Периодичность представления отчетности

Отчетность по Разливам должна представляться в интервалы, не менее чем через каждые 5 дней, или в более частые интервалы, по требованию Компетентного органа в зависимости от серьезности Разлива.

9.4.5 Ликвидация Разливов и очистка

9.4.5.1 Ликвидация Разливов

Оператор должен предпринять немедленные меры по локализации и очистке любого Разлива после его обнаружения в соответствии с утвержденным планом ликвидации Разливов, и особенно разлива

Rules for Development of the Hydrocarbon Fields of Turkmenistan in the "Golden Age" of Turkmen Nation (22 October 1999)
Правила разработки углеводородных месторождений в «Золотом Веке» туркменского народа (22 октября 1999 года)

Page | Страница 124 /201

Contingency Plan, especially the spillage of oil onto any water body, coastal and inland drainages of Turkmenistan after discovery of such Spill.

нефти на поверхность воды, береговые и внутренние водосборные бассейны Туркменистана.

Rules for Development of the Hydrocarbon Fields of Turkmenistan in the "Golden Age" of Turkmen Nation (22 October 1999)
Правила разработки углеводородных месторождений в «Золотом Веке» туркменского народа (22 октября 1999 года)

Page | Страница 125 /201

9.4.5.2 Emergency Action

The Competent Body shall allow the Operator to take immediate measures to contain and clean any Spill, unless it is determined that the Operator is unable or unwilling to implement the Spill Contingency Plan approved by the Competent Body or an alternate plan which addresses the special conditions at the Spill site.

9.4.5.3 Alternate Procedures

The Operator may use alternate procedures for containment and cleanup, including chemicals, absorbents and other materials, if the alternate meets the objective of the Spill Contingency Plan.

9.5 Waste Storage, Transportation and Disposal

9.5.1 General Requirements

An Operator shall store, transport and dispose of all waste, including but not limited to oil, produced water, chemicals, mud and cement, wastewater, sanitary waste and trash in such a manner as not to cause damage to life, health, property, freshwater aquifers or surface waters, natural resources and cultural monuments and holy sites, or endanger the well being of the employees of the Operator and the public.

9.5.2 Waste Disposal Plan

Prior to undertaking any Petroleum Operations, Operator shall submit a Waste Disposal Plan as a part of Environmental Protection Plan to the Competent Body for approval.

9.5.3 Plan Information

All proposed Waste Disposal Plans shall include the following:

(a) a description of procedures for controlling and disposing of all Waste

9.4.5.2 Действия в экстренной ситуации

Компетентный орган разрешает Оператору предпринять немедленные меры по локализации и очистке любого Разлива, за исключением, когда установлено, что Оператор не способен или не желает осуществлять план ликвидации Разливов, утвержденный Компетентным органом, или иной план, предусматривающий особые условия на месте Разлива.

9.4.5.3 Альтернативные меры

Оператор может применять альтернативные меры локализации и очистки, включая химические реагенты, адсорбирующие вещества и иные материалы, если они соответствуют целям плана ликвидации Разливов.

9.5 Хранение, транспортировка и удаление отходов

9.5.1 Общие требования

Оператор должен хранить, транспортировать и удалять все отходы, включая, но, не ограничиваясь этим, нефть, пластовую воду, химикаты, буровой раствор и цемент, сточные и санитарные воды и мусор, таким образом, чтобы не нанести ущерб жизни, здоровью, имуществу, подземным источникам пресной воды, поверхностным источникам, природным ресурсам, местам паломничества и памятникам культуры, или не угрожать безопасности сотрудников Оператора и населения.

9.5.2 План удаления отходов

Перед осуществлением любых Нефтяных работ Оператор должен представить план удаления отходов в составе плана по охране окружающей среды на утверждение Компетентного органа.

9.5.3 Содержание плана

Все предлагаемые планы удаления отходов должны включать следующую информацию:

(a) описание методов контроля и удаления всех отходов, производимых в результате

Rules for Development of the Hydrocarbon Fields of Turkmenistan in the "Golden Age" of Turkmen Nation (22 October 1999)
Правила разработки углеводородных месторождений в «Золотом Веке» туркменского народа (22 октября 1999 года)

Page | Страница 126 /201

which is likely to be generated within each onshore and offshore Contract Area;

(b) a description of all Wastes and their quantities be treated, transported, handled, stored and disposed during proposed Petroleum Operations and the type of facilities to be used for each activity, including a brief flow diagram of their treatment, neutralization processes along with the methods used;

(c) any other relevant requirement reasonably requested by the Competent Body relating to Waste Disposal.

проведения Нефтяных работ на каждой Договорной территории на море и суше;

(б) описание всех видов отходов и их количества, подвергающихся очистке, транспортировке, погрузке, хранению и сбросу в процессе осуществления Нефтяных работ, и типа сооружений, предназначенных для этих целей, а также методов и краткой технологической схемы их очистки и обезвреживания;

(в) любое другое соответствующее требование, связанное с Удалением отходов, по обоснованному требованию Компетентного органа.

Rules for Development of the Hydrocarbon Fields of Turkmenistan in the "Golden Age" of Turkmen Nation (22 October 1999)
Правила разработки углеводородных месторождений в «Золотом Веке» туркменского народа (22 октября 1999 года)

Page | Страница 127 /201

9.5.4 Waste Disposal Facilities

No Waste storage or disposal facility shall be used unless it has been approved by the Competent Body as part of any Waste Disposal Plan.

9.5.5 Recycling

Whenever practicable, the Operator shall take measures to recycle waste.

9.5.6 Waste Collection and Storage Facilities

Oilfield wastes shall not be collected or stored in unlined pits or diked areas. Oilfield pits shall be lined, located and designed to prevent communication with surface and ground water or contamination of soil resources through seepage. The Competent Body may require the installation of diking around tank settings for containment of leakage and a leak detection system for pits. Tanks or closed systems shall be used where shallow groundwater occurs at depths of less than two meters below the surface and in wetland areas.

9.5.7 Production Waste Discharge

The Operator shall take measures to prevent discharge of wastes from Petroleum Operations onto the surface and into the offshore waters unless such discharge has been approved by the Competent Body under a Waste Disposal Plan. The Operator shall monitor the constituent concentrations in the discharge stream(s) and reports these results as reasonably required by the Competent Body.

9.5.8 Treated Effluent Discharge

9.5.8.1 Discharge Permit

The Competent Body shall issue permits upon proper application by the Operator for the offshore discharge of wastewater generated during the conduct of Petroleum Operations, which has been

9.5.4 Сооружения для удаления отходов

Использование сооружений для хранения или удаления Отходов разрешается только после его утверждения Компетентным органом в составе любого плана по удалению отходов.

9.5.5 Утилизация

По мере осуществимости Оператор должен предпринять меры по утилизации отходов.

9.5.6 Сбор отходов и сооружения для хранения

Сбор и хранение нефтепромысловых отходов в неизолированных земляных амбарах или необвалованных участках запрещается. Нефтепромысловые амбары должны размещаться, проектироваться, и изолироваться таким образом, чтобы предотвратить контакт с источниками поверхностных и подземных вод или загрязнение почв вследствие просачивания. Компетентный орган может потребовать сооружение обваловки вокруг резервуаров для локализации разлива и систему обнаружения утечки для амбаров. В местах залегания пресной воды на уровне менее двух метров и на пойменных территориях должны использоваться резервуары или закрытые системы.

9.5.7 Сброс Промышленных отходов

Оператор должен предпринимать меры по предотвращению сброса отходов, произведенных в результате Нефтяных работ, на поверхность и в море, за исключением случаев, когда такой сброс утверждается Компетентным органом в соответствии с планом по удалению отходов. Оператор должен вести мониторинг концентраций веществ в сбрасываемых стоках и представлять результаты по обоснованному требованию Компетентного органа.

9.5.8 Сброс очищенных стоков

9.5.8.1 Разрешение на сброс

Компетентный орган должен выдавать разрешения после подачи заявки Оператором на сброс отработанных вод в море, произведенных в результате Нефтяных работ, после их очистки до установленных предельно допустимых уровней

Rules for Development of the Hydrocarbon Fields of Turkmenistan in the "Golden Age" of Turkmen Nation (22 October 1999)
Правила разработки углеводородных месторождений в «Золотом Веке» туркменского народа (22 октября 1999 года)

Page | Страница 128 /201

treated to reduce pollutants to below maximum acceptable concentrations, except for any designated offshore ecologically sensitive areas.

загрязнения, за исключением морских природоохранных зон.

Rules for Development of the Hydrocarbon Fields of Turkmenistan in the "Golden Age" of Turkmen Nation (22 October 1999)
Правила разработки углеводородных месторождений в «Золотом Веке» туркменского народа (22 октября 1999 года)

Page | Страница 129 /201

9.5.8.2 Monitoring

The Operator shall monitor chemical quality at the end of pipe effluent in accordance with procedures and parameters of measurement set out in the surface water monitoring program.

9.5.8.3 Sampling

The Operator shall establish an appropriate sampling frequency of any waste water effluent and surface waters in the vicinity of the discharge point to demonstrate that the effluent is not raising the concentration of harmful constituents above background levels.

9.5.9 Disposal Site Closure

9.5.9.1 Site Closure Plan

The Operator shall submit a Site Closure Plan for all waste treatment and disposal facilities, which it used, constructed or operated, located within the Contract Area and submit it to the Competent Body for approval as part of an Abandonment Plan.

9.5.9.2 Plan Information

All Site Closure Plans shall include the following:

(a) a description of methods to be used to restore all excavated areas to the original topography;

(b) a description of the method to be used to abandon any injections wells used for waste or produced water disposal including those used at offshore facilities;

(c) methods to be used to guarantee safe transfer of any remaining untreated or disposed waste to other facilities under the Operator's or State's responsibility;

9.5.8.2 Мониторинг

Оператор должен вести мониторинг состава химических веществ на выходе сточной трубы в соответствии с порядком и параметрами измерений, установленных в программе наблюдения за поверхностными водами.

9.5.8.3 Отбор проб

Оператор должен установить надлежащую частоту отбора проб сточных вод и поверхностных вод, находящихся рядом с точкой сброса, и документально подтвердить, что сбрасываемые воды не повышают концентрацию вредных веществ выше естественного уровня.

9.5.9 Закрытие объекта по очистке и сбросу

9.5.9.1 План закрытия

Оператор должен представить план закрытия для всех сооружений по очистке и сбросу отходов, которые он использовал, построил или эксплуатировал, расположенных на Договорной территории, и представить этот план на утверждение Компетентного органа как часть плана ликвидации.

9.5.9.2 Содержание плана

Все планы по закрытию объекта должны включать следующее:

(а) описание применяемых методов восстановления территорий земляных работ до их первоначальной топографии;

(б) описание методов ликвидации нагнетательных скважин, применяемых для закачки сточных или пластовых вод, включая морские скважины;

(в) применяемые методы безопасного удаления неочищенных или сброшенных отходов на другие сооружения, находящиеся под ответственностью Оператора или государства;

(г) любое другое соответствующее требование,

Rules for Development of the Hydrocarbon Fields of Turkmenistan in the "Golden Age" of Turkmen Nation (22 October 1999)
Правила разработки углеводородных месторождений в «Золотом Веке» туркменского народа (22 октября 1999 года)

Page | Страница 130 /201

(d) any other relevant requirement reasonably requested by the Competent Body relating to site closures.

связанное с закрытием объектов, по обоснованному требованию Компетентного органа.

Rules for Development of the Hydrocarbon Fields of Turkmenistan in the "Golden Age" of Turkmen Nation (22 October 1999)
Правила разработки углеводородных месторождений в «Золотом Веке» туркменского народа (22 октября 1999 года)

Page | Страница 131 /201

9.5.9.3 Notification

The Operator shall notify the Competent Body at least a month prior to planned closure of a waste treatment and disposal facility so that inspection can be made by the Competent Body.

9.6 Support Operations

9.6.1 General Requirements

The Operator shall develop a plan and set of procedures regarding environmental protection measures at those Petroleum Operations support facilities, which it may construct or operate.

9.6.2 Pipeline Maintenance

The Operator shall conduct pipeline testing on those pipeline facilities, which it may construct or operate, with due regard to International Oil Field Practice, maintain a corrosion control program and provide a reliable shut down system and an emergency alarm system.

9.6.3 Oil Tanker Operations

9.6.3.1 General Requirements

Except in those areas of offshore Turkmenistan which have been designated as protected areas and where transportation of Petroleum by tanker is prohibited, all tankers used by a Contractor to carry Petroleum from offshore and Coastal Area oil facilities shall be operated, where feasible, in accordance with the International Maritime Code for Safe Vessel Operations and Prevention of Contamination of the Marine Environment.

9.6.3.2 Approval

All tankers used to carry Petroleum from Offshore and Coastal Area facilities may be allowed to transport extracted Petroleum during Offshore well testing

---

9.5.9.3 Уведомление

Оператор должен уведомить Компетентный орган, по крайней мере, за месяц до планируемого закрытия сооружения по очистке и сбросу отходов, для проведения инспекции Компетентным органом.

9.6 Вспомогательные работы

9.6.1 Общие требования

Оператор должен разработать план и ряд мер по охране окружающей среды для тех вспомогательных сооружений, необходимых при проведении Нефтяных работ, которые он может построить или эксплуатировать.

9.6.2 Обслуживание трубопроводов

Оператор должен проводить испытания трубопроводов, которые он может построить или эксплуатировать, в соответствии с Международной нефтепромысловой практикой, осуществлять программу контроля за коррозией и обеспечивать надежную систему аварийного отключения и оповещения.

9.6.3 Эксплуатация нефтяных танкеров

9.6.3.1 Общие требования

За исключением морских природоохранных территорий Туркменистана и территорий, где транспортировка Углеводородных ресурсов танкерами запрещена, все танкеры, применяемые Подрядчиком для транспортировки Углеводородных ресурсов с морских и береговых сооружений, должны эксплуатироваться, где это применимо, в соответствии с Международным морским кодексом по безопасной эксплуатации и предотвращению загрязнения морской среды.

9.6.3.2 Утверждение

Всем танкерам, применяемым для транспортировки Углеводородных ресурсов с морских и береговых сооружений, может быть дано разрешение на транспортировку добытых

Rules for Development of the Hydrocarbon Fields of Turkmenistan in the "Golden Age" of Turkmen Nation (22 October 1999)
Правила разработки углеводородных месторождений в «Золотом Веке» туркменского народа (22 октября 1999 года)

Page | Страница 132 /201

and during the initial stages of Development even from generally prohibited areas after approval by the Competent Body.

Углеводородных ресурсов в процессе испытания морских скважин и начальных этапов Разработки, даже с запрещенных территорий после утверждения Компетентным органом.

Rules for Development of the Hydrocarbon Fields of Turkmenistan in the "Golden Age" of Turkmen Nation (22 October 1999)
Правила разработки углеводородных месторождений в «Золотом Веке» туркменского народа (22 октября 1999 года)

Page | Страница 133 /201

9.6.3.3 Tanker Information

Each Contractor shall submit a list of all tankers planned for use by such Contractor to the Competent Body for reference in emergency situations. The Competent Body may reject the use of individual tankers if they have been involved in serious maritime pollution incidents.

9.6.4 Hydrocarbon Storage

All operators of onshore and Coastal Area storage facilities shall: (i) place all storage tanks inside of impermeable dikes capable to hold the contents of the largest tank and to prevent oil Spill migration to drainage waters connected with surface, ground water or subsoil water, and (ii) maintain a minimum inventory of Spill equipment as required by the Competent Body.

9.6.5 Chemical Warehousing

All operators of onshore and coastal area chemical warehousing facilities shall (i) store hazardous chemicals that require special handling or are toxic to humans (acids, detergents, etc.) in safe facilities with limited access and (ii) mark points of storage on special maps and record general quantity of all such chemicals.

9.7 Underground Injection.

9.7.1 General Requirements

All injection wells used by the Operator to inject produced water, supplemental water and liquid production enhancement fluids associated with Petroleum Operations into the subsurface saline formations or producing reservoirs shall be maintained in compliance with the Underground Injection Program,

9.6.3.3 Информация о танкере

Каждый Подрядчик должен представить Компетентному органу список всех танкеров, запланированных для использования Подрядчиком в экстренных ситуациях. Компетентный орган может отклонить использование определенных танкеров, если они были вовлечены в серьезный случай загрязнения морской среды.

9.6.4 Хранение углеводородов

Все операторы сооружений для хранения углеводородов, расположенных на территории Береговой зоны и суше, должны: (i) помещать резервуары для хранения внутри непроницаемой обваловки, способной уместить содержание самого большого резервуара и предотвратить распространение нефтяного Разлива в дренажные воды, сообщающиеся с поверхностными, подземными или почвенными водами, и (ii) поддерживать минимальное количество оборудования для ликвидации Разливов по требованию Компетентного органа.

9.6.5 Хранение химических материалов

Все операторы складских сооружений для хранения химических материалов, расположенных на прибрежной территории и суше, должны: (i) хранить опасные химические материалы, требующие особого обращения, или токсичные для людей (кислоты, детергенты, и т.д.) в безопасных помещениях с ограниченным доступом и (ii) отмечать точки хранения на специальных картах и вести учет общего количества всех химических материалов.

9.7 Подземная закачка

9.7.1 Общие требования

Все нагнетательные скважины, применяемые Оператором для подземной закачки пластовой воды, дополнительной воды и жидкостей для повышения нефтеотдачи, связанных с Нефтяными работами, в соляные пласты или коллекторы, должны эксплуатироваться согласно программе подземной закачки, включенной по мере применимости в План разработки, утвержденный

Rules for Development of the Hydrocarbon Fields of Turkmenistan in the "Golden Age" of Turkmen Nation (22 October 1999)
Правила разработки углеводородных месторождений в «Золотом Веке» туркменского народа (22 октября 1999 года)

Page | Страница 134 /201

included, where applicable, as a part of a Development Plan, approved by the Competent Body.

Компетентным органом.

Rules for Development of the Hydrocarbon Fields of Turkmenistan in the "Golden Age" of Turkmen Nation (22 October 1999)
Правила разработки углеводородных месторождений в «Золотом Веке» туркменского народа (22 октября 1999 года)

Page | Страница 135 /201

9.7.2 Standard of Care

The Underground Injection Program shall ensure that all wells be designed, constructed, cased and cemented with due regard to International Oil Field Practices and to adequately protect underground sources of potable water. No injection shall take place into fresh water formations unless they are known to contain oil or gas.

9.7.3 Program Information

The Underground Injection Program shall include the following:

a) the name, description and depth of the formation into which water is to be injected;

b) description and depth of all underground sources of potable water which may be affected by the proposed operation;

c) where practicable, an inorganic chemical analysis, a water analysis of the injected formation and the fracture pressure or fracture gradient of the injected formation;

d) a base plat covering the area of the proposed injection well showing the location of each proposed well, the purpose of the well, i.e. disposal or enhanced recovery and the location of all oil and gas wells;

e) a resistivity log, run from the bottom of the surface casing to total depth of the disposal/injection well or wells;

f) a full description of the casing in the disposal well or wells with a schematic drawing showing all casing strings with cement volumes and tops;

9.7.2 Критерии разработки

Программа подземной закачки должна обеспечивать, чтобы все скважины были спроектированы, сооружены, обсажены и зацементированы с учетом требований Международной нефтепромысловой практики, и соответствующим образом предохраняли подземные источники питьевой воды. Подземная закачка в пласты с Пресной водой производится только после установления, что такие пласты содержат нефть и газ.

9.7.3 Содержание программы

Программа подземной закачки должна включать следующую информацию:

а) название, описание и глубину пласта, в который будет производиться закачка;

б) описание и глубина всех подземных источников питьевой воды, на которые предлагаемая работа может оказать влияние;

в) неорганический химический анализ, анализ воды из нагнетаемого пласта, а также давление разрыва либо градиент давления гидроразрыва нагнетаемого пласта, где это представляется целесообразным;

г) план в горизонтальной проекции с указанием мест расположения каждой нагнетательной скважины, а также каждой предлагаемой скважины, с указанием ее назначения (напр., для сброса или повышения нефтеотдачи) и всех нефтяных и газовых скважин;

д) диаграмма каротажа сопротивлений, замеренных по всей длине от нижней части устьевой колонны обсадных труб до полной глубины скважин(ы) для обратной закачки/для закачки пластовой воды;

е) полное описание обсадной колонны, используемой в скважине (ах) для обратной закачки пластовой воды с чертежом, на котором приводятся все секции обсадной колонны, а также объем и высота цементного

Rules for Development of the Hydrocarbon Fields of Turkmenistan in the "Golden Age" of Turkmen Nation (22 October 1999)
Правила разработки углеводородных месторождений в «Золотом Веке» туркменского народа (22 октября 1999 года)

Page | Страница 136 /201

CHAPTER IX – ENVIRONMENT PROTECTION

g) a diagram of the surface facility showing all pipelines and tanks associated with the system;

h) a listing of all sources of fluid, by well, to be injected;

i) the estimated minimum and maximum amount of fluid to be injected daily with anticipated wellhead injection pressures; and

j) any other relevant requirement reasonably requested by the Competent Body relating to Underground Injection.

ГЛАВА IX – ОХРАНА ОКРУЖАЮЩЕЙ СРЕДЫ

раствора по каждому участку;

ж) схема наземного сооружения с приведением всех связанных с системой трубопроводов и резервуаров;

з) список всех источников флюидов по нагнетаемым скважинам;

и) расчет минимального и максимального уровня флюидов для закачки в течение суток с ожидаемыми отметками давления нагнетания на устье скважины;

к) любое другое соответствующее требование, связанное с подземной закачкой, по обоснованному требованию Компетентного органа.

Rules for Development of the Hydrocarbon Fields of Turkmenistan in the "Golden Age" of Turkmen Nation (22 October 1999)
Правила разработки углеводородных месторождений в «Золотом Веке» туркменского народа (22 октября 1999 года)

Page | Страница 137 /201

9.7.4. Mechanical Integrity Test

An Operator shall carry out a Mechanical Integrity Test in each injection well every five (5) years for onshore wells and every three (3) years for wells located offshore. The results of these tests shall be reported to the Competent Body. The Operator shall notify the Competent Body one week prior to conducting the periodic test to allow Competent Body attend and witness the test, if it so desires.

9.7.5 Well Monitoring and Reporting

In lieu of Mechanical Integrity Test an Operator shall monitor the pressure in the casing, tubing and annulus during injection operations and record it on a monthly basis. The Operator shall report this information annually to the Competent Body.

9.7.6 Emergency Notification

An Operator shall report any significant changes in the operating wellhead injection pressures or other monitoring data, required in Section 9.7.5 of these Regulations, that might indicate a defect in mechanical integrity, to the Competent Body within 24 hours of discovery along with a description of actions being taken by the Operator to correct the problem.

9.8 Air Quality Control

9.8.1 Program Information

The Air Quality Monitoring Program shall be a part of Environmental Protection Plan and shall include the following:

a) description of facilities, their size and number of sources of emission for each facility and their operational status;

b) identification of all emission sampling points and sampling frequency;

9.7.4 Испытание на механическую целостность

Оператор должен производить испытание на механическую целостность по каждой нагнетательной скважине на суше каждые пять (5) лет и каждые три (3) года для морских скважин. Результаты таких испытаний доводят до сведения Компетентного органа. Оператор должен уведомить Компетентный орган за одну неделю до проведения периодического испытания для освидетельствования испытания Компетентным органом, если он этого желает.

9.7.5 Мониторинг и отчетность по скважинам

В дополнение к испытанию на механическую целостность, Оператором производится ежемесячный мониторинг давления в обсадной колонне, НКТ и кольцевом пространстве во время закачки с записью этих значений. Полученная информация представляется один раз в год в Компетентный орган.

9.7.6 Уведомление о чрезвычайных ситуациях

Оператор докладывает Компетентному органу, в течение 24 часов с момента обнаружения, о значительных изменениях в рабочем давлении нагнетания на устье скважины либо об иных данных мониторинга, в соответствии с разделом 9.7.5 настоящих Правил, которые могут выявить дефект в механической целостности, и о мерах, предпринятых Оператором для исправления возникшей ситуации.

9.8 Контроль за качеством воздуха

9.8.1 Содержание программы

Программа мониторинга качества воздуха должна быть частью плана по охране окружающей среды и включать следующую информацию:

а) описание объектов, их размеры и количество источников выброса на каждом объекте, с указанием его рабочего состояния;

б) определение точек отбора проб загрязнителей и частота отбора проб;

в) параметры, подлежащие мониторингу;

Rules for Development of the Hydrocarbon Fields of Turkmenistan in the "Golden Age" of Turkmen Nation (22 October 1999)
Правила разработки углеводородных месторождений в «Золотом Веке» туркменского народа (22 октября 1999 года)

Page | Страница 138 /201

c) parameters to be monitored;

d) technologies and equipment used to decrease the amount of emission or reclaim purged gas during Petroleum Operations;

e) an estimate of combustibles, quantity of pollutants released through emissions, or by flaring during the purging of separators, wells or pipelines, and the production of sulfur from H2S;

f) any other relevant requirement reasonably requested by the Competent Body relating to air quality monitoring.

г) технология и оборудование, используемые для уменьшения объема выбросов и восстановления продувочного газа в период проведения Нефтяных работ;

д) расчет количества продуктов сгорания и вредных веществ, выбрасываемых в атмосферу или сжигаемых на факеле, при продувке сепараторов, скважин или трубопроводов, и получение серы из сероводорода;

е) любое другое соответствующее требование, связанное с мониторингом качества воздуха, по обоснованному требованию Компетентного органа.

Rules for Development of the Hydrocarbon Fields of Turkmenistan in the "Golden Age" of Turkmen Nation (22 October 1999)
Правила разработки углеводородных месторождений в «Золотом Веке» туркменского народа (22 октября 1999 года)

Page | Страница 139 /201

9.9 Location of Archeological, Holy and Cultural Sites

9.9.1 General Requirements

The Operator shall use reasonable efforts for the early detection of archeological, holy or cultural monument sites or rare geological or mineral deposits, which may be of interest to the Government of Turkmenistan and incorporate reporting procedures into a relevant Plan.

9.9.2 Notification

The Operator shall notify the Competent Body within 48 hours of the discovery of any of the following sites or evidence of past human activity:

(a) rare geological, rock or mineral formations and structures;
(b) meteorites;
(c) paleonthological remains, both vertebrate and invertebrate; and
(d) archeological, cultural, memorial or holy sites and other objects which represent significant scientific or cultural interest.

9.9.3 Subsurface Discoveries

If rare mineral formations, ore deposits, meteoric or paleontological fragments are encountered during conduct of drilling operations, the Operator shall collect cutting samples and determine their depth below surface, however, the Competent Body shall not suspend the drilling activity.

9.9.4 Surface Excavations

The Competent Body may suspend Operator's construction or excavation activities for a reasonable time period on locations directly impacting discoveries in the Contract Area, if any discoveries specified in Section 9.9.2 of these Regulations are made, until the

9.9 Расположение археологических, культурных памятников и мест паломничества

9.9.1 Общие требования

Оператор должен предпринимать возможные усилия для раннего распознавания участков расположения археологических, святых и культурных памятников или редких геологических или минеральных отложений, которые могут представлять интерес для Правительства Туркменистана, и предусмотреть порядок отчетности в соответствующем Плане.

9.9.2 Уведомление

В течение 48 часов с момента обнаружения, Оператор должен уведомить Компетентный орган о следующих участках или свидетельствах о прошлой человеческой деятельности:

(а) редкие геологические или минеральные формации и структуры;
(б) метеориты;
(в) палеонтологические останки, включая позвоночные и беспозвоночные организмы;
(г) археологические, культурные памятники или места паломничества и другие объекты, представляющие значительный научный или культурный интерес.

9.9.3 Подземные обнаружения

Если в процессе осуществления буровых работ обнаружены редкие образования минералов, отложения железной руды, метеоритные или палеонтологические фрагменты, Оператор должен собрать образцы пород и определить глубину их залегания, тем не менее, Компетентный орган не должен приостанавливать буровые работы.

9.9.4 Наземные раскопки

Компетентный орган может приостановить строительные и земляные работы Оператора в течение обоснованного периода времени на участках, непосредственно влияющих на обнаружения на Договорной территории, если произведено любое из обнаружений, перечисленных в разделе 9.9.2 настоящих Правил,

Rules for Development of the Hydrocarbon Fields of Turkmenistan in the "Golden Age" of Turkmen Nation (22 October 1999)
Правила разработки углеводородных месторождений в «Золотом Веке» туркменского народа (22 октября 1999 года)

Page | Страница 140 /201

Competent Body receives results of an expert evaluation of such discovery.

до тех пор, пока Компетентный орган не получит результаты экспертной оценки такого обнаружения.

Rules for Development of the Hydrocarbon Fields of Turkmenistan in the "Golden Age" of Turkmen Nation (22 October 1999)
Правила разработки углеводородных месторождений в «Золотом Веке» туркменского народа (22 октября 1999 года)

Page | Страница 141 /201

9.9.4.1 Determination

Within thirty (30) days of notification of a discovery, the Competent Body shall perform an expert evaluation of the discovery and notify the Operator if the discovery requires any modifications to the relevant Plan. Such modifications may include:

(a) relocating the surface facility to a location outside the discovery area;
(b) incorporating closer surveillance for additional discoveries during further development of the construction of pipelines, storage and excavation areas

9.9.4.1 Решение

В течение тридцати (30) дней с момента уведомления об обнаружении Компетентный орган должен провести экспертную оценку обнаружения и уведомить Оператора относительно необходимости изменения соответствующего Плана в результате такого обнаружения. Такие изменения могут включать:

(а) перенос наземного сооружения в место, находящееся за пределами территории обнаружения;
(б) меры по усиленному контролю за дополнительными обнаружениями при дальнейшем строительстве трубопроводов, сооружении складских территорий и ведении земляных работ.

9.9.4.2 Sites Inventory

The Competent Body shall be responsible for providing the Operator with an inventory of all known locations of items specified in Section 9.9.2 of these Regulations at the time of approval of a relevant Plan.

9.9.4.2 Список объектов

Компетентный орган должен представить Оператору список и информацию о местонахождении всех известных объектов, перечисленных в разделе 9.9.2 настоящих Правил, на момент утверждения соответствующего Плана.

9.9.5 Offshore Requirements

The Operator shall be responsible for informing the Competent Body about the global positioned location of memorials or cultural objects discovered on the Contract Area during the process of developing offshore facilities and transportation routes.

9.9.5 Требования для морских работ

Оператор должен информировать Компетентный орган о местонахождении исторических или культурных памятников, обнаруженных на Договорной территории в процессе строительства морских сооружений и транспортных маршрутов.

9.10 Noise Control

9.10 Контроль за шумовыми эффектами

9.10.1 General Requirements

During the conduct of onshore Petroleum Operations, the Operator shall control noise levels, which may adversely affect the quality of public life and shall submit a Noise Control Program as a part of a relevant Plan prior to conduct of Petroleum Operations.

9.10.1 Общие требования

При осуществлении Нефтяных работ на суше Оператор должен контролировать уровни шума, которые могут оказывать негативное воздействие на жизненные условия людей, и должен представить программу контроля за шумовыми эффектами вместе с соответствующим Планом до осуществления Нефтяных работ.

9.10.2 Noise Level

9.10.2 Уровень шума

Rules for Development of the Hydrocarbon Fields of Turkmenistan in the "Golden Age" of Turkmen Nation (22 October 1999)
Правила разработки углеводородных месторождений в «Золотом Веке» туркменского народа (22 октября 1999 года)

Page | Страница 142 /201

CHAPTER IX – ENVIRONMENT PROTECTION

The noise level generated onshore by equipment operating in or adjacent to human habitation shall not exceed 100 decibels or such other level as may be set by the Competent Body according to International Oil-Field Practice.

ГЛАВА IX – ОХРАНА ОКРУЖАЮЩЕЙ СРЕДЫ

Уровень шума, производимого на суше оборудованием, расположенным на территории или рядом с территорией проживания людей, не должен превышать 100 децибел или иной уровень, который может быть установлен Компетентным органом в соответствии с Международной нефтепромысловой практикой.

Rules for Development of the Hydrocarbon Fields of Turkmenistan in the "Golden Age" of Turkmen Nation (22 October 1999)
Правила разработки углеводородных месторождений в «Золотом Веке» туркменского народа (22 октября 1999 года)

Page | Страница 143 /201

9.10.3 Seismic Works

The Operator shall notify Competent Body and local authorities 24 hours prior to conducting any seismic work, associated with Petroleum Operations that might cause excessive noise at adjacent population centers.

9.11 Environmental Training.

9.11.1 General Requirements

Each Operator shall develop an Environmental Training Program which includes the following:

(a) Operator's environmental policy, objectives, and procedures;

(b) environmental Regulations for Turkmenistan;

(c) technical Environmental Training in the management of air quality, water quality, hazardous material handling and waste;

(d) training relative to the Operator's Environmental Protection Plan;

(e) training relative to the Operator's Spill Response Plan;

(f) Training relative to the principles of quality control and quality assurance as it applies to investigations, monitoring, sample collection, transportation and analysis. Such training activities may be done by outside sources at the choice of the Operator;

(g) any other relevant requirement reasonably requested by the Competent Body relating to Environmental Training.

9.11.2 Reporting Requirements

The Operator shall submit an Annual

9.10.3 Сейсмические работы

Оператор должен уведомить Компетентный орган и местные власти за 24 часа до проведения сейсмической разведки, связанной с Нефтяными работами, которая может вызвать чрезмерный шум на прилегающих территориях проживания людей.

9.11 Инструктаж по охране окружающей среды

9.11.1 Общие требования

Каждый Оператор должен разработать программу инструктажа по охране окружающей среды, которая включает следующее:

(а) цели, задачи и методы Оператора по охране окружающей среды;

(б) законодательство Туркменистана по охране окружающей среды;

(в) технический инструктаж по контролю за качеством воздуха, воды, обращению с опасными материалами и отходами;

(г) инструктаж по плану Оператора по охране окружающей среды;

(д) инструктаж по плану Оператора по ликвидации Разливов;

(е) инструктаж по принципам контроля и обеспечения качества при проведении расследований, мониторинга, отбора проб, транспортировки и анализа. Такой инструктаж может проводиться с привлечением сторонних организаций по усмотрению Оператора;

(ж) любое другое соответствующее требование, связанное с инструктажем по охране окружающей среды, по обоснованному требованию Компетентного органа.

9.11.2 Требования по отчетности

Оператор должен представить годовой отчет по

Rules for Development of the Hydrocarbon Fields of Turkmenistan in the "Golden Age" of Turkmen Nation (22 October 1999)
Правила разработки углеводородных месторождений в «Золотом Веке» туркменского народа (22 октября 1999 года)

Page | Страница 144 /201

CHAPTER IX – ENVIRONMENT PROTECTION

ГЛАВА IX – ОХРАНА ОКРУЖАЮЩЕЙ СРЕДЫ

Training Report to the Competent Body no later than ninety (90) days after the end of the calendar year. The Annual Training report shall summarize all training activities. Documentation and records of training activities shall be available for inspection by the Competent Body during business hours.

инструктажу в Компетентный орган не позднее чем в течение девяноста (90) дней после окончания календарного года. Годовой отчет по инструктажу должен содержать краткое описание всей деятельности по инструктажу. Компетентному органу в течение рабочего времени должен быть предоставлен доступ к документации и записям по инструктажу.

Rules for Development of the Hydrocarbon Fields of Turkmenistan in the "Golden Age" of Turkmen Nation (22 October 1999)
Правила разработки углеводородных месторождений в «Золотом Веке» туркменского народа (22 октября 1999 года)

Page | Страница 145 /201

CHAPTER X - SAFETY & HEALTH

10.1 General Requirements

10.1.1 Conduct of Operations
Operator shall conduct all Petroleum Operations in accordance with an approved Safety and Health Plan, these Regulations, the Law and other applicable Laws of Turkmenistan.

10.1.2 Standard of Care
All Safety and Health Plans shall be developed and implemented utilizing the Best Available and Safest Technologies and with due regard for, and in compliance with, International Oil-Field Practice. Safety and Health Plans shall be developed in a manner to (i) protect the health and safety of workers and the general public, (ii) ensure the safe operation of equipment, (iii) require mandatory reporting of accidents and hazardous conditions, and (iv) provide an appropriate level of safety and health training to workers.

10.2 Submission of Safety and Health Plan

10.2.1 Submission
As part of any Exploration or Development Plan an Operator shall include a Safety and Health Plan. The Safety and Health Plan submitted in the relevant Exploration or Development Plan shall be the basis for all the Safety and Health Plan revisions. Such revisions shall only include new and revised data not previously addressed by the initial Safety and Health Plan or subsequent revisions.

ГЛАВА X - ТЕХНИКА БЕЗОПАСНОСТИ И ОХРАНА ЗДОРОВЬЯ

10.1 Общие требования

10.1.1 Ведение работ
Оператор должен осуществлять все Нефтяные работы в соответствии с утвержденными планами техники безопасности и охраны здоровья, настоящими Правилами, Законом и другими соответствующими законами Туркменистана.

10.1.2 Критерий разработки
Все планы техники безопасности и охраны здоровья должны разрабатываться и осуществляться, с использованием Наилучших существующих и безопасных технологий, с учетом и в соответствии с Международной нефтепромысловой практикой. Планы техники безопасности и охраны здоровья должны разрабатываться таким образом, чтобы (i) обеспечить охрану здоровья и безопасности рабочих и населения в целом, (ii) обеспечить безопасную работу оборудования, (iii) требовать обязательной отчетности об авариях и опасных ситуациях и (iv) на должном уровне проводить подготовку персонала по вопросам техники безопасности и охраны здоровья.

10.2 Представление плана техники безопасности и охраны здоровья

10.2.1 Представление
Как часть любого Плана разведки или разработки Оператор должен включить план по технике безопасности и охране здоровья. План по технике безопасности и охране здоровья, представленный в соответствующем Плане разведки или разработки должен считаться основой для всех дальнейших редакций плана по технике безопасности и охране здоровья. Такие редакции должны включать только новые и пересмотренные данные, ранее не вошедшие в первоначальный план по технике безопасности и охране здоровья или последующие редакции.

Rules for Development of the Hydrocarbon Fields of Turkmenistan in the "Golden Age" of Turkmen Nation (22 October 1999)
Правила разработки углеводородных месторождений в «Золотом Веке» туркменского народа (22 октября 1999 года)

Page | Страница 146 /201

CHAPTER X – SAFETY AND HEALTH

10.3 Plan Information

10.3.1 Plan Information
All proposed Safety and Health Plans shall include:

10.3.1.1 Safety Plans, Training and Accident Response

(a) a description of safety plans, measures and procedures which will be performed by Operator or required of third party subcontractors during the conduct of Petroleum Operations;

(b) a description of training programs and safety manuals which will be provided by Operator or required to be provided by third party subcontractors during the conduct of Petroleum Operations; and

(c) a description of accident response, investigation and reporting measures which will be performed by Operator or required of third party subcontractors in the event of a serious work-related human injury during the conduct of Petroleum Operations. Any incident resulting in at least one (1) man-day lost shall be considered as an accident and shall be reported.

10.3.1.2 Hazardous Materials and Conditions

(a) a description of emergency response measures which will be performed by Operator or required of third party subcontractors in the event of a Spill or escape of hazardous substances during the conduct of Petroleum Operations; and

(b) a description of emergency response measures which will be performed by

ГЛАВА X – ТЕХНИКА БЕЗОПАСНОСТИ И ОХРАНА ЗДОРОВЬЯ

10.3 Содержание плана

10.3.1 Содержание плана
Все предлагаемые планы техники безопасности и охраны здоровья должны включать:

10.3.1.1 Планы техники безопасности, учебная подготовка и действия по ликвидации аварий

(а) описание планов техники безопасности, процедур и мероприятий, которые будут выполняться Оператором или требоваться от субподрядчиков третьей стороны во время проведения Нефтяных работ;

(б) описание учебных программ и руководств по технике безопасности, которые будут представляться Оператором или субподрядчиками третьей стороны во время проведения Нефтяных работ;

(в) описание действий по ликвидации последствий несчастных случаев, мероприятий по расследованию причин несчастных случаев и отчетов по ним, которые будут выполняться Оператором или требоваться от субподрядчиков третьей стороны в случаях серьезных производственных травм персонала во время проведения Нефтяных работ. Любой случай, в результате которого работник потерял работоспособность хотя бы на один день, должен считаться несчастным случаем и о нем должен быть составлен отчет.

10.3.1.2 Вредные материалы и условия

(а) описание действий в экстремальной ситуации, которые будут выполняться Оператором или требоваться от субподрядчиков третьей стороны в случаях непредвиденных Разливов или выбросов вредных веществ во время проведения Нефтяных работ;

(б) описание действий в экстремальной ситуации, которые будут выполняться Оператором или требоваться от субподрядчиков третьей стороны в

Rules for Development of the Hydrocarbon Fields of Turkmenistan in the "Golden Age" of Turkmen Nation (22 October 1999)
Правила разработки углеводородных месторождений в «Золотом Веке» туркменского народа (22 октября 1999 года)

Page | Страница 147 /201

Operator or required of third party subcontractors in the event of a fire, explosion or other hazardous condition during the conduct of Petroleum Operations.

случае пожара, взрыва или других опасных ситуаций во время проведения Нефтяных работ.

Rules for Development of the Hydrocarbon Fields of Turkmenistan in the "Golden Age" of Turkmen Nation (22 October 1999)
Правила разработки углеводородных месторождений в «Золотом Веке» туркменского народа (22 октября 1999 года)

Page | Страница 148 /201

10.3.1.3 Workplace Environment

(a) a general description of all medical and first aid equipment maintained at each facility;

(b) a general description of all safety equipment and documents maintained at each facility; and

(c) a general description of all personal protection devices maintained at each facility.

10.4 Approval Procedure

10.4.1 Determination
The Safety and Health Plan proposed by the Operator shall be approved by the Competent Body as a part of the relevant Exploration or Development Plan.

10.5. Emergency Action

10.5.1 Emergency Action
In the event of emergency involving possible danger to life, health or property, Operator shall undertake all necessary action and incur all necessary expense as may be required to mitigate such danger whether or not such action or expense is included in an approved Safety and Health Plan. Operator shall promptly inform the Competent Body and other relevant state authorities of such actions or expenses incurred.

10.6 Specific Operational Requirements

10.6.1 Training Programs, Safety Manuals and Emergency Drills

10.3.1.3 Оборудование рабочих мест

(а) общее описание всего оборудования по оказанию первой необходимой и медицинской помощи, содержащегося на каждом объекте;

(б) общее описание всего оборудования и документов по технике безопасности, содержащегося на каждом объекте;

(в) общее описание всех средств индивидуальной защиты, содержащихся на каждом объекте.

10.4 Порядок утверждения

10.4.1 Порядок утверждения
План по технике безопасности и охране окружающей среды, предложенный Оператором, должен утверждаться Компетентным органом как часть соответствующего Плана разведки или Плана разработки.

10.5 Действия в экстренной ситуации

10.5.1 Действия в экстренной ситуации
В случае возникновения экстренной ситуации, представляющей потенциальную опасность для жизни, здоровья или собственности, Оператор должен предпринять все необходимые действия и понести все обоснованные затраты, которые могут потребоваться для уменьшения такой опасности независимо от того, включены ли такие действия или затраты в утвержденный план техники безопасности и охраны здоровья. Оператор должен своевременно уведомить Компетентный орган и другие соответствующие государственные органы о таких действиях или затратах.

10.6 Специальные производственные требования

10.6.1 Учебные программы, руководства по технике безопасности и тренировки для обучения действиям в экстренной ситуации

Rules for Development of the Hydrocarbon Fields of Turkmenistan in the "Golden Age" of Turkmen Nation (22 October 1999)
Правила разработки углеводородных месторождений в «Золотом Веке» туркменского народа (22 октября 1999 года)

Page | Страница 149 /201

10.6.1.1 Training

Operator shall ensure that all workers receive continuing safety training, instructions on safety issues, and education, and verify through testing such knowledge in compliance with an approved Safety and Health Plan which is sufficient in scope to enable the worker to perform their required functions in a safe and workmanlike manner

10.6.1.1 Учебная подготовка

Оператор должен обеспечивать постоянную подготовку, обучение, инструктаж и проверку знаний (путем тестирования) всего рабочего персонала по вопросам безопасности в соответствии с утвержденным планом техники безопасности и охраны здоровья, который в достаточной мере позволяет работнику выполнять требуемые от него функции безопасным и качественным образом.

Rules for Development of the Hydrocarbon Fields of Turkmenistan in the "Golden Age" of Turkmen Nation (22 October 1999)
Правила разработки углеводородных месторождений в «Золотом Веке» туркменского народа (22 октября 1999 года)

Page | Страница 150 /201

10.6.1.2 Safety and Health Manuals

Operator shall provide every worker with relevant written Safety and Health manuals in accordance their specific employment functions and in compliance with an approved Safety and Health Plan.

10.6.1.2 Руководства по технике безопасности и охране здоровья

Оператор должен обеспечить каждого работника надлежащими письменными руководствами по технике безопасности и охране здоровья в зависимости от конкретных должностных обязанностей и в соответствии с утвержденным планом техники безопасности и охраны здоровья.

10.6.1.3 Signage

Operator shall ensure that every facility has written instructions posted in Turkmen, Russian and English, which specifies general rules for safe and proper use of all major equipment.

10.6.1.3 Знаки

Оператор должен обеспечить наличие на каждом объекте вывесок с письменными инструкциями на туркменском, русском и английском языках, на которых объясняются общие правила безопасности и правильного использования всего основного оборудования.

10.6.1.4 Emergency Drills

Operator shall develop, implement and practice at regular intervals, emergency drills in compliance with an approved Safety and Health Plan which are sufficient in scope to provide training for all likely occurrences. Such drills shall include, without limitation, emergency procedures related to well blowout, fire, explosion, emergency evacuation, medical emergencies, and the unexpected release of hazardous substances. The execution of such drills shall be documented in a special log book.

10.6.1.4 Тренировки для обучения действиям в экстренной ситуации

Оператор должен выработать, выполнять и регулярно проводить тренировки для обучения действиям в экстренной ситуации в соответствии с утвержденным планом техники безопасности и охраны здоровья, которые позволяют провести достаточную подготовку на все возможные случаи, которые могут произойти на производстве. Такие тренировки должны без ограничений включать действия в экстренной ситуации, связанной с выбросами из скважины, пожарами, взрывами, экстренной эвакуацией, оказания неотложной медицинской помощи и непредвиденными выбросами вредных веществ. Сведения о проведении таких тренировок должны заноситься в специальный журнал.

10.6.2 Hydrogen Sulfide

10.6.2 Сероводород

10.6.2.1 General Requirement

Operator shall take all necessary precautions and measures to protect workers, the general public and the environment against exposure to hydrogen sulfide.

10.6.2.1 Общие Требования

Оператор должен принять все необходимые меры предосторожности для защиты работников, населения и окружающей среды от воздействия сероводорода.

10.6.2.2 Hydrogen Sulfide Safety Plan

In those fields and support facilities where the presence of H2S is possible,

10.6.2.2 План техники безопасности в условиях сероводорода

На тех месторождениях и вспомогательных

Rules for Development of the Hydrocarbon Fields of Turkmenistan in the "Golden Age" of Turkmen Nation (22 October 1999)
Правила разработки углеводородных месторождений в «Золотом Веке» туркменского народа (22 октября 1999 года)

Page | Страница 151 /201

the Safety and Health Plans shall include a Hydrogen Sulfide Safety Plan, which shall contain, without limitation, safety procedures, training programs, emergency drill procedures, and an inventory and description of all prevention and protection equipment. The Hydrogen Sulfide Safety Plan shall identity the job positions responsible for implementation of plan procedures, the specific duties, responsibilities and operating procedures, which shall be implemented when a concentration of hydrogen sulfide is detected in the atmosphere, which exceeds acceptable levels.

сооружениях, где возможно наличие сероводорода, планы техники безопасности и охраны здоровья должны включать план техники безопасности в условиях сероводорода, который должен без ограничений содержать процедуры техники безопасности, учебные программы, тренировки для обучения действиям в экстренной ситуации, инвентарь и описание всего противовыбросового и защитного оборудования. План техники безопасности в условиях сероводорода также должен определять должностные позиции, ответственные за выполнение установленного планом порядка, специальных обязанностей и оперативных процедур, которые должны будут выполняться, когда концентрация обнаруженного в атмосфере сероводорода превысит допустимые уровни.

Rules for Development of the Hydrocarbon Fields of Turkmenistan in the "Golden Age" of Turkmen Nation (22 October 1999)
Правила разработки углеводородных месторождений в «Золотом Веке» туркменского народа (22 октября 1999 года)

Page | Страница 152 /201

10.6.2.3 Notification of Release
Operator shall promptly notify the Competent Body in the event of a release of hydrogen sulfide to the atmosphere which exceeds acceptable levels.

10.6.2.4 Equipment
Operator shall ensure that all blowout preventers, well heads and other equipment and materials shall be corrosion resistant and fit for purpose of resisting and preventing hydrogen sulfide embrittlement.

10.6.2.5 Monitoring
Operator shall install, operate and maintain a hydrogen sulfide detection and monitoring system that initiates both audible and visual alarms throughout the affected area when the concentration of hydrogen sulfide in the atmosphere exceeds acceptable levels.

10.6.3 Facility Requirements

10.6.3.1 Production Facilities
All production facilities and related structures shall be designed, fabricated, installed and maintained to ensure their structural integrity and to protect the safety and health of workers and the general public.

10.6.3.2 Work Stations
Work stations shall be designed, fabricated, installed and maintained to ensure the safety and health of the workers. Work stations shall provide protection against: (i) inclement weather conditions, (ii) excessive noise or heat levels, (iii) exposure to excessive levels of gas or other hazardous vapors, and (iv) fire or explosion.

10.6.2.3 Уведомление о выбросе
Оператор должен незамедлительно уведомлять Компетентный орган о случаях выбросов сероводорода в атмосферу, когда они превышают допустимые уровни.

10.6.2.4 Оборудование
Оператор должен обеспечить наличие коррозиеустойчивых противовыбросовых превенторов, устья скважин и другого оборудования и материалов, которые должны обеспечивать сопротивление и предотвращение сероводородного охрупчивания.

10.6.2.5 Мониторинг
Оператор должен устанавливать, эксплуатировать и обслуживать системы сероводородного обнаружения и мониторинга, которые включает как звуковые, так и визуальные средства аварийного оповещения по всей подвергнувшейся воздействию территории, когда концентрация обнаруженного в атмосфере сероводорода превысит допустимые уровни.

10.6.3 Требования к производственному оборудованию

10.6.3.1 Производственное оборудование
Все производственное оборудование и конструкции должны проектироваться, изготавливаться, монтироваться и эксплуатироваться таким образом, чтобы обеспечить их исправность, а также безопасность и охрану здоровья рабочего персонала и населения.

10.6.3.2 Рабочие площадки
Рабочие площадки должны проектироваться, изготавливаться, монтироваться и эксплуатироваться таким образом, чтобы обеспечить безопасность и охрану здоровья рабочего персонала. Рабочие площадки должны обеспечивать защиту от: (i) суровых погодных условий, (ii) чрезмерного шума или высокой температуры, (iii) чрезмерных концентраций газа или других вредных испарений; (iv) пожаров или

Rules for Development of the Hydrocarbon Fields of Turkmenistan in the "Golden Age" of Turkmen Nation (22 October 1999)
Правила разработки углеводородных месторождений в «Золотом Веке» туркменского народа (22 октября 1999 года)

Page | Страница 153 /201

взрывов.

Rules for Development of the Hydrocarbon Fields of Turkmenistan in the "Golden Age" of Turkmen Nation (22 October 1999)
Правила разработки углеводородных месторождений в «Золотом Веке» туркменского народа (22 октября 1999 года)

Page | Страница 154 /201

10.6.3.3 Identification of Hazardous Areas

Hazardous or dangerous areas shall be clearly marked in Turkmen, Russian, English and pictorially.

10.6.3.4 Mechanical Hazards

All machinery, tools, pipes, tanks and other related equipment shall be fit for the purpose for which it is intended. Where practical, all open, moving and revolving parts shall be fenced, jacketed or screened as appropriate in such a manner that when the protective device is removed any rotation (motion) of such mechanisms stops automatically.

10.6.3.5 Electrical Hazards

All electrical equipment shall be fit for the purpose for which it is intended. Maintenance of electrical equipment shall be performed at regular intervals in order to minimize the risk of fire or explosion.

10.6.4 Personal Protection Equipment

10.6.4.1 General Requirement

Operator shall provide personal protection equipment to protect all workers against likely risks to safety and health.

10.6.4.2 Minimum Equipment

Based on International Oil Field Practices and where work conditions require, the minimum set of personal protection equipment for each worker shall include: (i) hard hat, (ii) protective footwear with steel toe-caps, (iii) spark resistant overalls, (iv) gloves, (v) eye protection, (vi) hearing protectors, (vii) a personal flotation device where appropriate, and (viii) a breathing apparatus where appropriate.

10.6.3.3 Обозначение опасных зон

Опасные зоны должны быть четко обозначены на туркменском, русском и английском языках и иллюстративно (в виде картинки).

10.6.3.4 Механическая опасность

Все механическое оборудование, инструменты, трубы, резервуары и другое связанное с этим оборудование должно соответствовать целям своего использования. По мере применимости все открытые, движущиеся и вращающиеся части должны быть как следует ограждены, закрыты защитной оболочкой или заслонками так, чтобы при снятии защитного ограждения вращение (движение) механизма было автоматически остановлено.

10.6.3.5 Опасность, связанная с электричеством

Все электрическое оборудование должно соответствовать целям своего использования. Техническое обслуживание электрооборудования должно проводиться регулярно для того, чтобы снизить риск возникновения пожара или взрыва.

10.6.4 Средства индивидуальной защиты

10.6.4.1 Общие требования

Оператор должен обеспечить наличие средств индивидуальной защиты для всех рабочих от возможного риска для их безопасности и здоровья.

10.6.4.2 Минимальные средства защиты

В соответствии с Международной нефтепромысловой практикой и там, где этого требуют условия работы, минимальный комплект средств для индивидуальной защиты каждого работника должен включать: (i) каску, (ii) защитную обувь со стальной носовой частью, (iii) защищенные от искровоспламенения комбинезоны, (iv) перчатки, (v) защитные средства для глаз, (vi) слуховые защитные устройства, (vii) где это необходимо, индивидуальное плавающее устройство; (viii) где это необходимо, дыхательный аппарат.

Rules for Development of the Hydrocarbon Fields of Turkmenistan in the "Golden Age" of Turkmen Nation (22 October 1999)
Правила разработки углеводородных месторождений в «Золотом Веке» туркменского народа (22 октября 1999 года)

Page | Страница 155 /201

Rules for Development of the Hydrocarbon Fields of Turkmenistan in the "Golden Age" of Turkmen Nation (22 October 1999)
Правила разработки углеводородных месторождений в «Золотом Веке» туркменского народа (22 октября 1999 года)

Page | Страница 156 /201

10.6.4.3 Maintenance and Storage

All personal protection equipment shall be checked periodically and maintained in good, usable condition and located in a readily accessible area.

10.6.5 Monitoring Systems and Alarms

10.6.5.1 Monitoring Systems and Alarms

Monitoring systems and alarms shall be installed, located, maintained and operated in fields, facilities and support operations in accordance with International Oil Field Practice.

10.6.5.2 Fire Detection

Operator shall install, maintain and operate an automatic monitoring system capable of detecting and responding to the presence of fire, flame, heat or smoke and of initiating the appropriate alarms.

10.6.5.3 Toxic Gas Detection

Operator shall install, maintain and operate an automatic monitoring system capable of detecting and responding to the presence of toxic or flammable gas or vapor and of initiating the appropriate alarms.

10.6.5.4 Backup Systems

Operator shall install, maintain and operate backup monitoring systems capable of alerting workers in the event a primary monitoring system fails or shuts down.

10.6.5.5 Emergency Power

Operator shall ensure that all monitoring systems remain operational in the event of a primary power failure.

10.6.4.3 Техобслуживание и хранение

Все оборудование для индивидуальной защиты должно периодически освидетельствоваться и поддерживаться в хорошем рабочем состоянии и находиться в легко доступном месте.

10.6.5 Системы мониторинга и аварийного оповещения

10.6.5.1 Системы мониторинга и аварийного оповещения

Системы мониторинга и аварийного оповещения должны устанавливаться, размещаться, эксплуатироваться и обслуживаться на месторождениях, сооружениях и вспомогательных объектах в соответствии с Международной нефтепромысловой практикой.

10.6.5.2 Обнаружение пожара

Оператор должен установить, обслуживать и использовать автоматические системы мониторинга, способные обнаружить и отреагировать на пожар, воспламенение, перегрев или дым и включить соответствующие устройства аварийного оповещения.

10.6.5.3 Обнаружение токсичных газов

Оператор должен установить, обслуживать и использовать автоматические системы мониторинга, способные обнаружить и отреагировать на присутствие токсичных или воспламеняющихся газов или испарений и включить соответствующие устройства аварийного оповещения.

10.6.5.4 Вспомогательные системы

Оператор должен установить, обслуживать и использовать вспомогательные системы мониторинга, способные оповестить работников в случае отказа работы или отключения основных систем мониторинга.

10.6.5.5 Аварийное энергоснабжение

Оператор должен обеспечить рабочее состояние всех систем мониторинга на случай отказа основного энергоснабжения.

Rules for Development of the Hydrocarbon Fields of Turkmenistan in the "Golden Age" of Turkmen Nation (22 October 1999)
Правила разработки углеводородных месторождений в «Золотом Веке» туркменского народа (22 октября 1999 года)

Page | Страница 157 /201

10.7 Reporting Requirements

10.7.1 Records
Operator shall prepare and maintain required records of all activities related to the safety and health of workers and the general public, including incidents of serious personal injury, fire or explosion, spillage or escape of hazardous substances, or the unsafe operation of equipment and shall deliver to the Competent Body all such information and reports.

10.7 Требования по отчетности

10.7.1 Отчетность
Оператор должен составлять и вести требуемую отчетность по всей деятельности, связанной с обеспечением безопасности и охраны здоровья рабочего персонала и населения в целом, включая случаи серьезных травм персонала, пожара или взрыва, разлива или выброса вредных веществ, или ненадежной работы оборудования, а также должен представлять Компетентному органу всю подобную информацию и отчетность.

Rules for Development of the Hydrocarbon Fields of Turkmenistan in the "Golden Age" of Turkmen Nation (22 October 1999)
Правила разработки углеводородных месторождений в «Золотом Веке» туркменского народа (22 октября 1999 года)

Page | Страница 158 /201

CHAPTER XI - SPECIFIC OFFSHORE RULES

11.1 General Requirements

11.1.1 Conduct of Operations
Except as otherwise provided in Sections 1.2.3 and 1.2.4 of these Regulations, Operator shall conduct all Offshore Petroleum Operations in accordance with an approved Plan, these Regulations, the Law and the applicable provisions of other Turkmenistan legislation.

11.1.2 Standard of Care
All Offshore Petroleum Operations shall be conducted with due regard for, and in compliance with, International Oil-Field Practice.

11.2 Additional Plan Information

11.2.1 Additional Plan Information
In addition to the information required by Chapters III, IV and VI of these Regulations, all proposed relevant Exploration, Appraisal and Development Plans shall include, where applicable, the following information related to Offshore Petroleum Operations:

(i) a description of mobile drilling unit, platform, or artificial island to be used;

(ii) a table indicating the location of each proposed well, including the surface location, proposed well depths, bottom hole location, and the water depth at each well site;

(iii) a bathymetric map showing the surface location of each well and fixed structure, or a table indicating the water depth at each proposed site;

ГЛАВА XI - СПЕЦИАЛЬНЫЕ ПРАВИЛА ДЛЯ МОРСКИХ НЕФТЯНЫХ РАБОТ

11.1 Общие требования

11.1.1 Ведение работ
Если иное не предусмотрено в разделах 1.2.3 и 1.2.4 настоящих Правил, Оператор должен осуществлять все морские Нефтяные работы в соответствии с утвержденным Планом, настоящими Правилами, Законом и другими соответствующими положениями законодательства Туркменистана.

11.1.2 Критерий ведения работ
Все морские Нефтяные работы должны осуществляться с учетом и в соответствии с Международной нефтепромысловой практикой.

11.2 Дополнительная информация к содержанию Плана

11.2.1 Дополнительная информация к содержанию плана
В дополнение к ситуации, требуемой в Главах III, IV и VI настоящих Правил, все предлагаемые соответствующие Планы по разведке, оценке и разработке должны, где это применимо, включать следующую информацию, относящуюся к морским нефтяным работам:

(i) описание передвижной буровой установки, платформы или искусственно созданного острова, который будет использован;

(ii) таблица с указанием расположения каждой предлагаемой скважины, включая поверхностное расположение, предлагаемую глубину скважин, расположение забоя скважины и глубину воды в месте расположения каждой скважины;

(iii) батиметрическая карта с указанием поверхностного расположения каждой скважины и стационарной конструкции или

Rules for Development of the Hydrocarbon Fields of Turkmenistan in the "Golden Age" of Turkmen Nation (22 October 1999)
Правила разработки углеводородных месторождений в «Золотом Веке» туркменского народа (22 октября 1999 года)

Page | Страница 159 /201

(iv) an analysis of the seafloor and also subsurface geologic and manmade hazards, including a shallow hazards analysis for proposed drilling and platform sites and pipeline routes;

(v) a description of the onshore support and storage facilities used to support the Offshore Petroleum Operations, their design features with regard to environmental protection, including information as to whether the facilities are existing or proposed;

(vi) major supplies, services, energy, water, or other resources within the affected area necessary for carrying out the applicable plan;

(vii) physical oceanography including onsite direction and velocity of currents and tides, sea states, temperature and salinity, water quality, and icing conditions, if available;

(viii) historic weather patterns and other meteorological conditions, including storm frequency and magnitude, wave height and direction, wind direction and velocity, air temperature, visibility, and freezing and icing conditions, if available;

(ix) environmental reports, assessments and proposed monitoring systems in compliance with Chapter IX and XII of these Regulations;

(x) the means proposed for transportation of oil and gas to shore; the routes to be followed by each mode of transportation; and the estimated quantities of oil and gas to

таблица, указывающая глубину воды в месте расположения каждого предлагаемого участка;

(iv) анализ морского дна, а также подземных геологических и факторов риска, вызванных человеческой деятельностью, включая анализ риска, связанного с малой глубиной предлагаемого бурения, платформ и маршрутов трубопроводов;

(v) описание вспомогательного оборудования, сооружений и хранилищ на суше, используемых для ведения морских нефтяных работ, их инженерное обустройство в части охраны окружающей среды, включая информацию о том, являются ли эти сооружения и оборудование уже существующими или предлагаемыми;

(vi) основные материалы, услуги, источники энергии, воды или другие ресурсы, необходимые для осуществления соответствующего плана и находящиеся на территории ведения работ;

(vii) физическая океанография, включая направление и скорость течения и приливов на территории работ, состояние на море, температуру и соленость, качество воды и условия обледенения (при их наличии);

(viii) атмосферные характеристики предыдущих периодов и другие метеорологические условия, включая частоту и силу штормов, высоту и направление волн, направление и скорость ветра, температуру воздуха, видимость и условия замораживания и обледенения (при их наличии);

(ix) отчеты по охране и воздействию на окружающую среду и предлагаемые системы мониторинга в соответствии с главами IX и XII настоящих Правил;

(x) предлагаемые средства транспортировки

Rules for Development of the Hydrocarbon Fields of Turkmenistan in the "Golden Age" of Turkmen Nation (22 October 1999)
Правила разработки углеводородных месторождений в «Золотом Веке» туркменского народа (22 октября 1999 года)

Page | Страница 160 /201

be moved along each such route;

(xi) an estimate of the frequency of boat and helicopter arrivals, the onshore location of terminals, and the normal routes for each mode of transportation; and

(xii) an estimate of the quantities, composition and characteristics of solid and liquid production and domestic waste and other pollutants which are likely to be generated during conduct of Offshore Petroleum Operations; the methods of transportation to be used to bring such wastes to shore; and a description of the disposal methods and flow diagram of their treatment, neutralization and disposal, and also facilities to be used for these purposes.

нефти и газа на берег, маршруты для каждого вида транспорта и расчетные объемы нефти и газа, транспортируемые по каждому маршруту;

(xi) расчет частоты прибытия суден и вертолетов, береговое расположение терминалов и обычные маршруты для каждого вида транспорта;

(xii) расчет количества, состав и характеристика твердых и жидких промышленных, хозяйственно-бытовых отходов и других загрязняющих веществ, которые могут быть произведены в результате проведения Нефтяных работ на море: способы транспортировки таких отходов на берег; описание методов и краткой технологической схемы их очистки, обезвреживания и утилизации, а также используемого для этих целей оборудования.

Rules for Development of the Hydrocarbon Fields of Turkmenistan in the "Golden Age" of Turkmen Nation (22 October 1999)
Правила разработки углеводородных месторождений в «Золотом Веке» туркменского народа (22 октября 1999 года)

Page | Страница 161 /201

11.3 Pollution Prevention and Control

11.3.1 Pollution Prevention

During the conduct of Offshore Petroleum Operations, the Operator shall take measures to prevent the unauthorized discharge of pollutants in the Offshore environment. The Operator shall not create conditions that will pose unreasonable risk to public health, aquatic life, wildlife, navigation, commercial fishing and other uses of the Offshore environment.

11.3.2 Pollution Control

When pollution occurs as a result of Offshore Petroleum Operations conducted by or on behalf of the Operator and the pollution damages or threatens to damage the environment The Operator shall take immediate corrective actions to control and remove pollution.

11.3.3 Offshore Disposal

Except as hereinafter specified, disposal and burial of any wastes associated with Petroleum Operations into the sea is prohibited. The following methods of disposal may be allowed upon the prior approval of the Competent Body: (i) disposal of produced water by re-injection into some formation, which is non-communicable with any fresh-water aquifer or (ii) disposal of treated produced water into the sea if its quality meets all applicable standards and effluent limitations.

11.3.4 Drill Cuttings

Operator shall specify in the applicable Plan its proposed method of disposal for drill cuttings, sand and other well solids.

11.3 Предотвращение и контроль за загрязнением

11.3.1 Предотвращение загрязнения

В ходе осуществления морских нефтяных работ Оператор должен предпринять меры по предотвращению несанкционированного сброса загрязняющих веществ в морскую среду. Оператор не должен создавать условия, представляющие неоправданный риск для здоровья населения, водной флоры и фауны, дикой природы, навигации, промышленного рыболовства и других сфер применения морской среды.

11.3.2 Контроль за загрязнением

Когда загрязнение происходит в результате морских нефтяных работ, осуществляемых от имени Оператора или самим Оператором, и когда оно приносит вред или представляет собой угрозу окружающей среде, Оператор должен предпринимать незамедлительные меры, направленные на контроль и удаление загрязнения.

11.3.3 Сброс в море

За исключением нижеприведенных случаев, сброс и захоронение в море отходов, связанных с проведением Нефтяных работ, запрещается. С разрешения Компетентного органа допускаются следующие методы удаления / сброса: (i) удаление извлеченной пластовой воды путем обратной закачки в пласт, который не сообщается с пластом, содержащим пресную воду, или (ii) сброс очищенной пластовой воды в море, если ее качество отвечает соответствующим стандартам и нормам сброса.

11.3.4 Буровой шлам

Оператор должен определить в соответствующем плане предлагаемый метод утилизации бурового шлама, песка и других твердых веществ из скважины.

Rules for Development of the Hydrocarbon Fields of Turkmenistan in the "Golden Age" of Turkmen Nation (22 October 1999)
Правила разработки углеводородных месторождений в «Золотом Веке» туркменского народа (22 октября 1999 года)

Page | Страница 162 /201

11.3.5 Other Contaminants

Curbs, gutters, pans, and drains shall be installed in deck areas in a manner sufficient to collect all contaminants not authorized for discharge. All drainage systems shall flow to a properly designed, operated and maintained sump system, which will automatically prevent discharge of pollutants into the Offshore environment.

11.3.6 Artificial Islands

All vessels located on artificial islands and which contain hydrocarbons shall be placed inside an impervious berm or otherwise protected against spills and filtration. Drains and sumps shall be constructed to prevent seepage and shall be properly maintained.

11.3.7 Inspection of Facilities

Drilling and production facilities shall be inspected by the Operator at appropriate intervals or at such other intervals as may be determined by the Competent Body to determine if pollution is occurring. Necessary maintenance and repairs shall be made immediately and the records of such inspections and repairs shall be maintained in accordance with the provisions of Chapter XII of these Regulations.

11.4 General Requirements

11.4.1 General Requirement

Offshore Drilling, Completion, Workover or Abandonment operations shall be conducted in a manner to protect against harm or damage to the aquatic life, navigation, commercial fishing, human and other use of the Offshore environment.

11.4.2 Equipment Movement

11.3.5 Другие загрязняющие вещества

На палубе должны быть сооружены бордюры, желоба, поддоны и дренажные устройства для сбора всех загрязняющих веществ, не разрешенных для сброса. Все дренажные системы должны направляться в правильным образом спроектированную, эксплуатируемую и обслуживаемую систему отстойников, которая автоматически предотвращает сброс загрязняющих веществ в морскую среду.

11.3.6 Искусственные острова

Все резервуары, расположенные на искусственных островах и содержащие углеводороды, должны помещаться внутри непроницаемой обваловки или иным образом защищаться от разливов и фильтрации. Дренажные системы и отстойники должны быть сооружены таким образом, чтобы предотвращать просачивание и должны обслуживаться надлежащим образом.

11.3.7 Проверка сооружений

Оператор должен проводить проверку промысловых и буровых сооружений в соответствующие интервалы или через интервалы, которые может установить Компетентный орган для определения присутствия загрязнения. Необходимое техобслуживание и ремонт должны осуществляться немедленно и записи о проверках и ремонте должны делаться в соответствии с положениями главы XII настоящих Правил.

11.4 Общие требования

11.4.1 Общие требования

Морские работы по бурению, освоению, капитальному ремонту или ликвидации должны проводиться таким образом, чтобы предотвратить вред или ущерб водной флоре и фауне, навигации, промышленному рыболовству, человеку и иным сферам применения морской среды.

11.4.2 Транспортировка оборудования

Rules for Development of the Hydrocarbon Fields of Turkmenistan in the "Golden Age" of Turkmen Nation (22 October 1999)
Правила разработки углеводородных месторождений в «Золотом Веке» туркменского народа (22 октября 1999 года)

Page | Страница 163 /201

CHAPTER XI – SPECIFIC OFFSHORE RULES

The movement of drilling, completion and workover rigs and related equipment on, off or about an Offshore platform, including rigging up and rigging down, shall be conducted in a safe and workmanlike manner. All wells in the same well bay which are capable of producing Petroleum shall be shut-in in accordance with International Oil-Field Practice prior to moving such rigs and related equipment.

ГЛАВА XI – СПЕЦИАЛЬНЫЕ ПРАВИЛА ДЛЯ МОРСКИХ НЕФТЯНЫХ РАБОТ

Транспортировка установок для бурения, освоения и капитального ремонта и относящегося к ним оборудования на морскую платформу, с нее или к ней, включая монтаж и демонтаж, должна проводиться безопасным и квалифицированным образом. Все скважины, находящиеся в одном бассейне и способные производить Углеводородные ресурсы, должны быть заглушены в соответствии с Международной нефтепромысловой практикой перед транспортировкой установок и относящегося к ним оборудования.

Rules for Development of the Hydrocarbon Fields of Turkmenistan in the "Golden Age" of Turkmen Nation (22 October 1999)
Правила разработки углеводородных месторождений в «Золотом Веке» туркменского народа (22 октября 1999 года)

Page | Страница 164 /201

11.4.3 Emergency Shutdown System

When down-hole operations are conducted on a platform where there are other Petroleum producing wells or other Petroleum flow, a manually controlled emergency shutdown system shall be installed near the driller's console

11.4.4 Welding Procedures

All Offshore welding and burning shall be conducted in designated safe-welding areas whenever possible, and shall be minimized by onshore fabrication whenever feasible. No welding and burning operation, other than approved hot tapping, shall be done on piping, containers, tanks, and other vessels which have contained a flammable substance unless the contents have been rendered inert and are determined to be safe for welding and burning by the designated supervisor in charge. If down-hole well operations are in progress, welding and burning operations shall be conducted only in a designated safe-welding area.

11.4.5 Electrical Equipment

All Offshore electrical equipment shall be designed, installed and maintained in accordance with International Oil-Field Practice. Maintenance of Offshore electrical systems shall be performed by qualified personnel who are trained and experienced with the classifications, performance characteristics and operation of the equipment, and with the hazards involved.

11.4.6 Crew Instructions

Prior to engaging in Offshore Drilling, Completion, Workover and

11.4.3 Аварийные системы закрытия

При проведении внутрискважинных работ на платформе, где имеются другие добывающие скважины, или при наличии иного потока Углеводородных ресурсов рядом с пультом управления бурильщика должна быть установлена аварийная система закрытия с ручным управлением.

11.4.4 Сварочные работы

Все морские работы по сварке и сжиганию должны проводиться в специально отведенных местах для безопасной сварки, по мере возможности, и объем сварочных работ должен быть сведен к минимуму, посредством сборки на суше, где это представляется целесообразным. Все работы по сварке и сжиганию, за исключением разрешенных ремонтных работ без прекращения эксплуатации, запрещается проводить на трубах, контейнерах, емкостях и других сосудах, содержащих воспламеняющиеся вещества, за исключением случаев, когда содержание этих сосудов определяется специально уполномоченным контролером, как инертное и безопасное для работ по сварке и сжиганию. Во время проведения внутрискважинных работ сварка и сжигание должны проводиться только в специально отведенных безопасных местах.

11.4.5 Электрическое оборудование

Все морское электрическое оборудование должно проектироваться, устанавливаться и эксплуатироваться в соответствии с Международной нефтепромысловой практикой. Техническое обслуживание морского электрического оборудования должно осуществляться квалифицированным персоналом, прошедшим обучение и имеющим опыт по классификациям, техническим характеристикам и эксплуатации оборудования и связанными с ними факторами риска.

11.4.6 Инструктаж бригад

Перед осуществлением морских работ по бурению, освоению, капитальному ремонту и

Rules for Development of the Hydrocarbon Fields of Turkmenistan in the "Golden Age" of Turkmen Nation (22 October 1999)
Правила разработки углеводородных месторождений в «Золотом Веке» туркменского народа (22 октября 1999 года)

Page | Страница 165 /201

Abandonment operations, crew members shall be periodically instructed in the safety requirements of the operations to be performed, possible hazards to be encountered, and general safety considerations to protect personnel, equipment, and the environment. The date and time of safety meetings shall be recorded and made available at the facility for review by the Competent Body.

ликвидации члены бригады должны проходить периодический инструктаж по требованиям техники безопасности при проведении работ, возможным факторам риска и общим требованиям безопасности, направленным на защиту персонала, оборудования и окружающей среды. Дата и время проведения инструктажа по технике безопасности должны регистрироваться и такие записи должны находиться на объекте для представления Компетентному органу.

Rules for Development of the Hydrocarbon Fields of Turkmenistan in the "Golden Age" of Turkmen Nation (22 October 1999)
Правила разработки углеводородных месторождений в «Золотом Веке» туркменского народа (22 октября 1999 года)

Page | Страница 166 /201

11.5 Drilling Operations

11.5.1 Fitness of Equipment
Drilling units shall be capable of withstanding the oceanographic, meteorological, and ice conditions, if any, for the proposed season and location of operation.

11.5.2 Inspections
Prior to commencing operations, drilling units shall be made available to the Competent Body for inspection pursuant to Section 11.9 of these Regulations.

11.5.3 Drilling Permits
Applications for an Offshore well Drilling Permit shall include the requirements specified in Section 5.2.1 of these Regulations and, where applicable, the following additional information: (i) an identification of the maximum operational conditions the drilling unit is designed to withstand, (ii) the design and operational limitations beyond which suspension, curtailment, or modification of drilling or rig operations are required (e.g., vessel motion, offset, anchor tensions, wind speed, wave height, currents, icing, ice loading, etc.), (iii) a description of additional safety measures in drilling operations where a floating or semi-submersible type of drilling vessel is used, (iv) in areas subject to subfreezing conditions, evidence that the drilling unit, BOP system and other associated equipment and materials are suitable for drilling in such conditions, (v) results of shallow hazards survey, (vi) a description of subsea BOP system, and (vii) such other relevant information as may be reasonably required by the Competent Body. (vi) a description of subsea BOP system, and (vii) such other relevant information as may be reasonably required by the Competent

11.5 Буровые работы

11.5.1 Соответствие оборудования
Буровые установки должны выдерживать океанографические и метеорологические условия и обледенение (при его наличии) для предлагаемого сезона и места проведения работ.

11.5.2 Инспекции
Перед началом работ Компетентному органу должен быть предоставлен доступ на буровые установки для их инспекции в соответствии с разделом 11.9 настоящих Правил.

11.5.3 Разрешение на бурение
Заявки на Разрешение на бурение морской скважины должны включать требования, перечисленные в разделе 5.2.1 настоящих Правил, и где это применимо, следующую дополнительную информацию: (i) определение максимальных эксплуатационных условий, для которых спроектирована буровая установка, (ii) проектные и эксплуатационные ограничения, при превышении которых требуется приостановление, остановка или модификация процесса бурения или работы буровой установки (напр. движение судна, сдвиг, натяжение якорей, скорость ветра, высота волн, течения, обледенение, ледовая нагрузка и т.д.), (iii) описание дополнительных мер по технике безопасности при ведении буровых работ с использованием плавучей или полупогружной буровой платформы, (iv) для низкотемпературных зон свидетельство того, что буровая установка, система противовыбросового оборудования и относящиеся к ним оборудование и материалы пригодны для бурения в таких условиях, (v) результаты исследования факторов риска, связанных с мелководным бурением, (vi) описание подводной системы противовыбросового оборудования, и (vii) иная соответствующая информация, которую может обоснованно потребовать Компетентный орган.

Rules for Development of the Hydrocarbon Fields of Turkmenistan in the "Golden Age" of Turkmen Nation (22 October 1999)
Правила разработки углеводородных месторождений в «Золотом Веке» туркменского народа (22 октября 1999 года)

Page | Страница 167 /201

CHAPTER XI – SPECIFIC OFFSHORE RULES

ГЛАВА XI – СПЕЦИАЛЬНЫЕ ПРАВИЛА ДЛЯ МОРСКИХ НЕФТЯНЫХ РАБОТ

Body.

Rules for Development of the Hydrocarbon Fields of Turkmenistan in the "Golden Age" of Turkmen Nation (22 October 1999)
Правила разработки углеводородных месторождений в «Золотом Веке» туркменского народа (22 октября 1999 года)

Page | Страница 168 /201

11.6 Completion and Workover Operations

11.6.1 Structures on Fixed Platforms

Derricks, masts, substructures, and related completion and workover equipment shall be selected, designed, used, and maintained so as to be adequate for the potential loads that may be encountered during the proposed operations. Prior to moving a well completion rig or related equipment onto a platform, the Operator shall determine the structural capability of the platform to safely support the equipment and proposed operation, taking into consideration the corrosion protection, age of platform and previous stresses to the platform.

11.6.2 Sub-sea Completions and Workovers

No sub-sea completion and workover shall be commenced until the Operator has received approval from the Competent Body in accordance with Chapters II and V of these Regulations. Such approval shall be subject to a determination that the proposed equipment and procedures will adequately control the well and permit safe production operations.

11.7 Abandonment

11.7.1 General Requirement

Except as otherwise provided in Section 1.2.3 of these Regulations, in addition to the requirements of Section 5.6 of these Regulations, Operator shall abandon all Offshore wells, platforms, structures, pipelines and related equipment according to the requirements of the Abandonment Permit specified in Section 5.6.2 of these Regulations and in a manner consistent with International Oil

11.6 Работы по освоению и капитальному ремонту

11.6.1 Конструкции на стационарных платформах

Буровые вышки, мачты, подвышечные основания и относящееся к ним оборудование для освоения и капитального ремонта должны выбираться, проектироваться, эксплуатироваться и обслуживаться с учетом с потенциальных нагрузок, которые могут произойти при проведении предлагаемых работ. Перед передвижением установки для освоения скважин или относящегося к ней оборудования на платформу Оператор должен определить структурную способность платформы безопасно поддерживать оборудование и предложенные работы, с учетом мер коррозионной защиты, срока эксплуатации платформы и предыдущей нагрузки на платформу.

11.6.2 Подводное освоение и капитальный ремонт

Оператор может приступать к подводному освоению и капитальному ремонту только после получения разрешения от Компетентного органа в соответствии с главами II и V настоящих Правил. Разрешение выдается на основании определения, что предлагаемое оборудование и процессы способны соответствующим образом контролировать скважину и обеспечивать безопасное ведение работ.

11.7 Ликвидация

11.7.1 Общие требования

Если иное не предусмотрено в разделе 1.2.3 настоящих Правил, в дополнение к требованиям в разделе 5.6 настоящих Правил, Оператор должен осуществлять ликвидацию всех морских скважин, платформ, сооружений, трубопроводов и относящегося к ним оборудования в соответствии с требованиями, определенными в Разрешении на ликвидацию в разделе 5.6.2 настоящих Правил, и в соответствии с Международной нефтепромысловой практикой.

Rules for Development of the Hydrocarbon Fields of Turkmenistan in the "Golden Age" of Turkmen Nation (22 October 1999)
Правила разработки углеводородных месторождений в «Золотом Веке» туркменского народа (22 октября 1999 года)

Page | Страница 169 /201

Field Practice.

Rules for Development of the Hydrocarbon Fields of Turkmenistan in the "Golden Age" of Turkmen Nation (22 October 1999)
Правила разработки углеводородных месторождений в «Золотом Веке» туркменского народа (22 октября 1999 года)

Page | Страница 170 /201

11.7.2 Clearance of Location

All wellheads and casings shall be removed to a depth of at least four (4) meters below the mud line or at such other depth as approved by the Competent Body. All pilings and other obstructions shall be removed to a depth determined by the Operator in compliance with International Oil Field Practice. The requirement for removing sub-sea wellheads and others obstructions and for verifying location clearance may be reduced or eliminated when, in the opinion of the Competent Body, the wellheads and other obstructions would not constitute a hazard to other users of the Offshore environment.

11.7.3 Site Clearance Verification

Operator shall verify site clearance after abandonment by one or more methods such as, (i) drag a trawl in opposite directions across the site, (ii) perform a diver search around the site, or (iii) scan across the site with a side-scan or bottom scanning sonar, (iv) such other method as may be approved by the Competent Body. Promptly following completion of abandonment operations, Operator shall submit a written notification to the Competent Body, which certifies that the area has been cleared of all obstructions.

11.8 Platforms and Offshore Structures

11.8.1 General Requirement

The Operator shall design, fabricate, install, use, inspect and maintain all Offshore platforms and structures to assure their structural integrity for the safe conduct of drilling, completion, workover and production operations, considering the specific environmental conditions at the platform location.

11.7.2 Очистка территории

Все оборудование устья скважин и обсадной колонны должно быть удалено с глубины, по крайней мере, четырех метров (4) ниже поверхности морского дна или с другой такой глубины, утвержденной Компетентным органом. Все сваи и другие препятствия должны быть удалены с глубины, определенной Оператором в соответствии с Международной нефтепромысловой практикой. Требование удалить подводные устья скважин и другие препятствия и подтвердить очистку территории может быть уменьшено или снято, если, по мнению Компетентного органа, устья скважин и другие препятствия не представляют собой опасность для других пользователей морской среды.

11.7.3 Подтверждение очистки территории

Оператор должен подтвердить очистку территории после ликвидации скважины одним или несколькими методами, такими как: (i) протащить трал в противоположных направлениях поперек участка, (ii) провести водолазные работы вокруг участка, или (iii) провести сканирование участка при помощи гидролокатора бокового или донного обзора, (iv) иной другой метод, утвержденный Компетентным органом. После окончания ликвидационных работ Оператор должен незамедлительно представить письменное уведомление в Компетентный орган, подтверждающее, что территория освобождена от всех препятствий.

11.8 Платформы и морские конструкции

11.8.1 Общие требования

Оператор должен проектировать, изготовлять, устанавливать, эксплуатировать, инспектировать и обслуживать все морские платформы и конструкции таким образом, чтобы обеспечить их структурную целостность для безопасного бурения, освоения, капитального ремонта и эксплуатации с учетом конкретных условий окружающей среды в месте расположения платформы.

Rules for Development of the Hydrocarbon Fields of Turkmenistan in the "Golden Age" of Turkmen Nation (22 October 1999)
Правила разработки углеводородных месторождений в «Золотом Веке» туркменского народа (22 октября 1999 года)

Page | Страница 171 /201

CHAPTER XI – SPECIFIC OFFSHORE RULES

ГЛАВА XI – СПЕЦИАЛЬНЫЕ ПРАВИЛА ДЛЯ МОРСКИХ НЕФТЯНЫХ РАБОТ

Rules for Development of the Hydrocarbon Fields of Turkmenistan in the "Golden Age" of Turkmen Nation (22 October 1999)
Правила разработки углеводородных месторождений в «Золотом Веке» туркменского народа (22 октября 1999 года)

Page | Страница 172 /201

11.8.2 Submission and Approval

Except as otherwise provided in Section 1.2.3 and 1.2.4 of these Regulations, prior to undertaking the construction or fabrication of any Offshore platform or structure, the detailed structural plans of such platform or structure must be submitted to, and approved by, the Competent Body pursuant to these Regulations, and the applicable provisions of the Law.

11.8.3 Proposal Information

Proposals for all new platforms or major modifications of existing platforms may be submitted as part of a proposed Development Plan or separately and shall include, where applicable, the information in Sections 11.8.3.1, 11.8.3.2, 11.8.3.3 and 11.8.3.4 of these Regulations.

11.8.3.1 General Information

(a) the platform designation, area name and block number;

(b) the longitude and latitude coordinates, and a plat drawn to scale showing the surface location of the platform and distance form the nearest block lines;

(c) drawings, plats, front and side elevations of the entire platform, and plan views that clearly illustrate all essential parts of the structure including, without limitation, the number and location of well slots, design loads of each deck, water depth, nominal size and thickness of all primary load bearing jacket and deck structural members, and the size, makeup and thickness of pilings;

(d) corrosion protection or durability

11.8.2 Представление и утверждение

Если иное не предусмотрено в разделах 1.2.3 и 1.2.4 настоящих Правил, перед сооружением или сборкой любой морской платформы или конструкции Оператор должен представить детальную структурную схему такой платформы или конструкции на рассмотрение и утверждение Компетентного органа в соответствии с настоящими Правилами и соответствующими положениями Закона.

11.8.3 Содержание предложения

Предложения по всем новым платформам или крупным модификациям существующих платформ могут быть представлены как часть предложенного Плана разработки или отдельно и должны содержать, где это применимо, информацию из разделов 11.8.3.1, 11.8.3.2, 11.8.3.3 и 11.8.3.4 настоящих Правил.

11.8.3.1 Общая информация

(а) предназначение платформы, название участка, номер блока;

(б) координаты долготы и широты и план в горизонтальной проекции, построенный в масштабе, на котором изображено поверхностное расположение платформ и расстояние до ближайших границ блоков;

(в) чертежи, планы в горизонтальной проекции, передние и боковые возвышения всей платформы, вид сверху, четко отображающий все основные компоненты конструкции, включая, без ограничений, число и расположение колодцев для бурения, проектные нагрузки на каждую палубу, глубину воды, номинальный размер и толщину всех опорных ферм несущих основную нагрузку, и структурных элементов палубы, размер, компоновку и толщину свай;

(г) подробности коррозионной защиты или продления срока службы, включая методы

Rules for Development of the Hydrocarbon Fields of Turkmenistan in the "Golden Age" of Turkmen Nation (22 October 1999)
Правила разработки углеводородных месторождений в «Золотом Веке» туркменского народа (22 октября 1999 года)

Page | Страница 173 /201

details which consist of the corrosion protection method, expected life, and durability criteria for the entire structure; and

(e) a plan for periodic inspections of the installed platforms.

защиты от коррозии, ожидаемый срок службы и критерии долговечности для всей конструкции;

(д) план периодических инспекций установленных платформ.

Rules for Development of the Hydrocarbon Fields of Turkmenistan in the "Golden Age" of Turkmen Nation (22 October 1999)
Правила разработки углеводородных месторождений в «Золотом Веке» туркменского народа (22 октября 1999 года)

Page | Страница 174 /201

11.8.3.2 Environmental Data

(a) a summary of the environmental data which has a bearing on the platform's design, installation, and operation including, without limitation, wave heights and periods, current, vertical distribution of wind and gust velocities, water depth, storm and astronomical tide data, marine growth, snow and ice effects, and air and sea temperatures.

11.8.3.3 Foundation Information

(a) a geo-technical investigation report containing a brief summary of the major strata encountered at the location by bore holes, a subsurface profile illustrating results of field and laboratory testing, a list of field and laboratory investigations with a summary any determinations, the identification of properties and conditions of the seabed and subsoil, and the identification of any manmade hazards or obstructions;

(b) a description of the effect of the environmental and functional loads on the foundation;

(c) a determination of the susceptibility of the area to soil movement and, if susceptible, an analysis of slope and soil stability;

(d) a summary of the foundation design criteria; and

(e) a summary of the seafloor survey results.

11.8.3.4 Structural Information

(a) the design life of the platform and the basis for such determination,

11.8.3.2 Данные по окружающей среде:

(а) обобщение данных по окружающей среде, имеющих воздействие на конструкцию платформы, монтаж и эксплуатацию, включая, без ограничений, высоту волн и их периодичность, течения, вертикальное распределение ветра и скорости порывов ветра, глубину воды, данные о штормах и приливах, рост морских организмов, воздействие снега и обледенения и температуры воздуха и воды.

11.8.3.3 Информация о фундаменте:

(а) отчет о геотехническом исследовании, содержащий краткое описание основных пластов, через которые проходят стволы скважин, подземные профили, демонстрирующие результаты промысловых и лабораторных исследований, список промысловых и лабораторных исследований с кратким описанием выводов, определение свойств и условий морского дна и подстилающего слоя грунта, выявление факторов риска, вызванных деятельностью человека и препятствий;

(б) описание воздействия окружающей среды и функциональных нагрузок на фундамент;

(в) определение подверженности территории к движению грунта и в случае подверженности анализ уклона и стабильности грунта;

(г) краткое описание критериев конструкции фундамента;

(д) краткое описание исследований морского дна.

11.8.3.4 Информация о конструкции

(а) проектный срок службы платформы и обоснование такого срока;

Rules for Development of the Hydrocarbon Fields of Turkmenistan in the "Golden Age" of Turkmen Nation (22 October 1999)
Правила разработки углеводородных месторождений в «Золотом Веке» туркменского народа (22 октября 1999 года)

Page | Страница 175 /201

(b) a summary description of the design load conditions and design load combinations,

(c) a listing and description of the appropriate material specifications,

(d) a summary of pertinent derived factors of safety against failure for major structural members, and

(e) information with respect to fatigue analysis.

(б) краткое описание условий проектной нагрузки и сочетаний проектной нагрузки;

(в) список и описание технических характеристик соответствующих материалов;

(г) краткое описание соответствующих мер техники безопасности для предотвращения выхода из строя основных элементов конструкции;

(д) информация, касающаяся анализа усталости.

Rules for Development of the Hydrocarbon Fields of Turkmenistan in the "Golden Age" of Turkmen Nation (22 October 1999)
Правила разработки углеводородных месторождений в «Золотом Веке» туркменского народа (22 октября 1999 года)

Page | Страница 176 /201

11.8.4 Determination

Within thirty (30) days of submission of a proposal for a new platform or a major modification of an existing platform, the Competent Body shall analyze it, make an appropriate decision and notify the Operator in writing of its decision in accordance with the provisions of Section 6.4 of these Regulations.

11.8.5 Certification

Operator shall have the structural plans and specifications for new platforms and structures including those for all major modifications, which are required by Section 11.8.3.1 (c) of these Regulations certified in compliance with Turkmenistan legislation or in accordance with Section 1.8.1 of these Regulations, prior to submitting such plans and specifications to the Competent Body.

11.8.6 Major Repairs

Major repairs of damage to the structural members of any platform or other structure shall require the prior written approval of the Competent Body.

11.8.7 Emergency Conditions

Under emergency conditions, repairs to primary structural elements may be made to restore an existing condition without prior approval. The Competent Body shall be promptly notified of any such repairs.

11.8.8 Compliance with International Standards

In addition to the requirements of these Regulations, platform design, fabrication, and installation shall conform to International Oil Field Practice.

11.8.4 Порядок

В течение тридцати (30) дней с момента представления Оператором предложения о строительстве новой платформы или существенной модификации существующей платформы Компетентный орган должен его проанализировать, принять соответствующее решение и уведомить Оператора в письменной форме о своем решении в соответствии с положениями раздела 6.4 настоящих Правил.

11.8.5 Сертификация

Разработанные Оператором структурные планы и технические характеристики новых платформ и конструкций, включая основные модификации, требуемые в соответствии с разделом 11.8.3.1 (в) или в соответствии с разделом 1.8.1 настоящих Правил, должны быть сертифицированы в соответствии с законодательством Туркменистана до представления этих планов и технических характеристик в Компетентный орган.

11.8.6 Основные ремонтные работы

На проведение основных ремонтных работ по устранению поломок составных, структурных частей любой платформы или другой конструкции требуется предварительное письменное разрешение Компетентного органа.

11.8.7 Чрезвычайные условия

В чрезвычайных условиях ремонт первостепенных элементов конструкции может быть произведен с целью восстановления существующего состояния без предварительного разрешения. Компетентный орган должен быть незамедлительно уведомлен о проведении любого подобного ремонта.

11.8.8 Соответствие международным стандартам

В добавление к требованиям настоящих Правил конструкция платформы, её изготовление и установка должны соответствовать Международной нефтепромысловой практике.

Rules for Development of the Hydrocarbon Fields of Turkmenistan in the "Golden Age" of Turkmen Nation (22 October 1999)
Правила разработки углеводородных месторождений в «Золотом Веке» туркменского народа (22 октября 1999 года)

Page | Страница 177 /201

11.8.9 Records
Operator shall compile, retain, and make available to the Competent Body for the functional life of all platforms, the as-built structural drawings, the design assumptions and analyses, and a summary of the examination and inspection results from the platform inspections required by Section 11.8.3.1 (e) of these Regulations.

11.9 Access to Facilities

11.9.1 Access to Facilities
Operator shall make available for inspection by representatives of the Competent Body, all platforms, artificial islands, and other installations located on Offshore Contract Areas.

11.10 Reporting Requirements

11.10.1 Records
Operator shall prepare and maintain required records of all Offshore Petroleum Operations and shall deliver to the Competent Body all such information and reports which are required by these Regulations including, without limitation, Chapter XII hereof, the Law or the provisions of any Contract.

11.8.9 Отчетность
На протяжении всего срока эксплуатации платформ Оператор должен вести, сохранять и представлять Компетентному органу рабочие структурные чертежи, проектные предположения и анализ, а также краткое изложение результатов проверок и инспекций платформ в соответствии с требованиями раздела 11.8.3.1 (д) настоящих Правил.

11.9 Доступ на объекты

11.9.1 Доступ на объекты
Оператор должен представлять представителям Компетентного органа возможность инспектировать все платформы, искусственно созданные острова и другие сооружения, расположенные на морских Договорных территориях.

11.10 Требования по отчетности

11.10.1 Отчетность
Оператор должен составлять и вести требуемую отчетность по всем морским Нефтяным работам, а также представлять Компетентному органу всю эту информацию и отчетность, требуемую в соответствии с настоящими Правилами, включая, без ограничений, главу XII, Законом и положениями соответствующего Договора.

Rules for Development of the Hydrocarbon Fields of Turkmenistan in the "Golden Age" of Turkmen Nation (22 October 1999)
Правила разработки углеводородных месторождений в «Золотом Веке» туркменского народа (22 октября 1999 года)

Page | Страница 178 /201

CHAPTER XII - RECORDS & REPORTING

12.1 General Provisions

12.1.1 Purpose
The purpose of this Chapter is to ensure that the Competent Body receives complete and accurate information regarding Petroleum Operations conducted within Turkmenistan.

12.1.2 Scope
Except as otherwise provided in Section 1.2.3 of these Regulations, this Chapter governs the reporting of Petroleum Operations information including, without limitation, all data generated by Operators and Concerns under a Contract, Joint Venture agreement or otherwise.

12.2 Records and File Maintenance

12.2.1 Records
Each Operator shall make and retain accurate and complete records necessary to demonstrate that (i) payments of bonuses, rentals, royalties, profit shares and other payments related to Petroleum Operations are in compliance with Contract terms, these Regulations, and orders of the Competent Body, and (ii) the Operator is otherwise in compliance with any applicable Contract, these Regulations, and the laws of Turkmenistan. Records covered by this Chapter include those specified by Contract terms, these Regulations, and orders of the Competent Body. Records also include computer programs, automated files and supporting documentation used to produce automated reports or magnetic tapes submitted to the Competent Body.

12.2.2 Records Retention
Except as otherwise provided in Section 1.2.3 of these Regulations, Operators,

ГЛАВА XII - ДОКУМЕНТАЦИЯ И ОТЧЕТНОСТЬ

12.1 Общие положения

12.1.1 Цель
Цель данной главы заключается в обеспечении получения Компетентным органом полной и правильной информации, касающейся Нефтяных работ, осуществляемых в Туркменистане.

12.1.2 Пределы действия
Если иное не предусмотрено в разделе 1.2.3 настоящих Правил, данная глава регулирует представление отчетности по Нефтяным работам, включая, без ограничений, все данные, собранные Оператором и Концернами в соответствии с Договором, Соглашением о совместном предприятии или иным образом.

12.2 Хранение документации и картотеки

12.2.1 Документация
Каждый Оператор должен составлять и хранить точные и полные записи, необходимые для демонстрации того, что (i) выплаты бонусов, ренты, роялти, доли прибыли и другие выплаты, относящиеся к Нефтяным работам, соответствуют условиям Договора, настоящим Правилам и распоряжениям Компетентного органа, и что (ii) Оператор иным образом выполняет положения соответствующего Договора, настоящих Правил и законодательства Туркменистана. Документация, которую регулирует данная глава, включает в себя документы, определенные условиями Договора, настоящими Правилами и распоряжениями Компетентного органа. Документация также включает компьютерные программы, электронные файлы и вспомогательную документацию, используемую для составления электронных отчетов или магнитных лент, представляемых Компетентному органу.

12.2.2 Хранение документации
Если иное не предусмотрено в разделе 1.2.3 настоящих Правил, Операторы, плательщики

Rules for Development of the Hydrocarbon Fields of Turkmenistan in the "Golden Age" of Turkmen Nation (22 October 1999)
Правила разработки углеводородных месторождений в «Золотом Веке» туркменского народа (22 октября 1999 года)

Page | Страница 179 /201

revenue payors, or other persons required to keep records under this Chapter shall maintain and preserve them for five (5) years) or such other period of time that is customary in International Oil Field Practice from the day on which the relevant transaction recorded occurred unless the Competent Body notifies the record holder of an audit or investigation involving the records and that they must be maintained for a longer period. When an audit or investigation is underway, records shall be maintained until the record holder is released in writing from the obligation to maintain the records.

доходов или другие лица, обязанные хранить документацию в соответствии с данной главой, должны вести учет и сохранять документы в течение пяти (5) лет или иного периода времени, принятого в Международной нефтепромысловой практике, со дня учета соответствующих операций, кроме случаев, когда Компетентный орган уведомляет владельца документации об аудиторской проверке или расследовании, включающем такие документы, и когда документация должна храниться в течение более длительного периода. Во время проведения аудиторской проверки или расследования документация должна храниться до тех пор, пока владелец документации не освобожден в письменной форме от обязательства по ее хранению.

Rules for Development of the Hydrocarbon Fields of Turkmenistan in the "Golden Age" of Turkmen Nation (22 October 1999)
Правила разработки углеводородных месторождений в «Золотом Веке» туркменского народа (22 октября 1999 года)

Page | Страница 180 /201

12.2.3 Records Inspection

Originals of all records that are required to be maintained under this Chapter shall be kept in Turkmenistan. Operators, revenue payors, or other persons required to keep records under this Chapter shall be responsible for making the records available for inspection. Records shall be provided at a business location of the Operator, revenue payor, or other person during normal business hours upon the reasonable written request of the Competent Body. Operators, revenue payors, and other persons will be given a reasonable period of time to produce historical records.

12.3 Reporting

12.3.1 General Requirement
12.3.1.1 Additional Reporting Requirements

In addition to the reporting and informational requirements set forth in other Chapters of these Regulations, each Operator shall submit in an accurate, complete and timely manner, the reports required by this Section 12.3.1.

12.3.1.2 Monthly Operations Report

Each Operator of each Contract Area shall file a Monthly Operations Report on or before the 15th day of the month following the month being reported until the Contract is terminated and a final Abandonment and Reclamation Report is filed pursuant to Section 12.3.9.2 of these Regulations. The Monthly Operations Report shall provide a narrative and documentary summary of all Petroleum Operations conducted during the month and shall include, without limitation, such preliminary information as may be available with respect to the data required by the quarterly reports in Sections 12.3.2, 12.3.3, 12.3.4, 12.3.5, and 12.3.6 of these Regulations.

12.2.3 Проверка документации

Оригиналы всех документов, требуемых в соответствии с настоящей главой, должны находиться в Туркменистане. Операторы, плательщики доходов или другие лица, обязанные хранить документацию в соответствии с данной главой, несут ответственность за предоставление доступа к документации с целью ее проверки. Документы должны представляться в учреждениях Оператора, плательщика доходов или иного лица в течение рабочего дня по обоснованной письменной просьбе Компетентного органа. Операторам, плательщикам доходов и иным лицам должен отводиться разумно необходимый период времени для представления архивных документов.

12.3 Отчетность

12.3.1 Общие требования
12.3.1.1 Дополнительные требования по отчетности

В дополнение к требованиям по отчетности и представлению информации, изложенным в других главах настоящих Правил, каждый Оператор должен представлять точные, полные и своевременные отчеты, требуемые в соответствии с разделом 12.3.1 настоящих Правил.

12.3.1.2 Ежемесячные отчеты о работе

Каждый Оператор каждой Договорной территории должен представлять ежемесячный отчет о работе до или 15-го числа месяца, следующего за отчетным месяцем, до тех пор, пока не прерван Договор и не представлен окончательный отчет по ликвидационным и восстановительным работам в соответствии с разделом 12.3.9.2 настоящих Правил. Ежемесячные отчеты о работе должны содержать описательную и документальную сводку всех Нефтяных работ, выполненных в течение месяца, а также включать, без ограничений, предварительную, имеющуюся в наличии информацию в отношении данных, которые должны содержать ежеквартальные отчеты в соответствии с разделами 12.3.2, 12.3.3, 12.3.4, 12.3.5 и 12.3.6 настоящих Правил.

Rules for Development of the Hydrocarbon Fields of Turkmenistan in the "Golden Age" of Turkmen Nation (22 October 1999)
Правила разработки углеводородных месторождений в «Золотом Веке» туркменского народа (22 октября 1999 года)

Page | Страница 181 /201

Rules for Development of the Hydrocarbon Fields of Turkmenistan in the "Golden Age" of Turkmen Nation (22 October 1999)
Правила разработки углеводородных месторождений в «Золотом Веке» туркменского народа (22 октября 1999 года)

Page | Страница 182 /201

12.3.2 Geological and Geophysical

12.3.2.1 Quarterly Activity Report
Each Operator of each Contract Area shall file a Quarterly Geological and Geophysical Activity Report on or before the 15th day of the second month following the quarter being reported. The Quarterly Geological and Geophysical Activity Report shall provide a narrative and documentary summary of all Geological and Geophysical Operations conducted during the quarter and shall include, without limitation, the results of all field survey work and a description of all seismic data acquired or processed.

12.3.2.2 Data Submission
Each Operator shall record, in an original or reproducible form of good quality and on tapes or other digital media where relevant, all geological and geophysical information and data relating to the Contract Area which is obtained by Operator in the course of conducting Petroleum Operations. Operator shall deliver a copy of all such information and data, including well logs and records, to the Competent Body as soon as practicable after the data has come into the possession of Operator.

12.3.3 Drilling and Completion

12.3.3.1 Daily Drilling Report
Each Operator shall file, by facsimile or telex, a Daily Drilling Report on the day following the day being reported. The Daily Drilling Report shall include a summary of all drilling operations.

12.3.3.2 Quarterly Activity Report
Each Operator of each Contract Area shall file a Quarterly Drilling and Completion Activity Report on or before the 15th day of the second month

12.3.2 Геологические и геофизические отчеты

12.3.2.1 Ежеквартальный отчет
Каждый Оператор каждой Договорной территории должен представлять ежеквартальный отчет о геологических и геофизических работах до или 15-го числа месяца, следующего за отчетным кварталом. Ежеквартальные отчеты о геологических и геофизических работах должны содержать описательную и документальную сводку всех геологических и геофизических работ, выполненных в течение квартала, а также включать, без ограничений, результаты всех промысловых исследований и описание всех полученных или интерпретированных сейсмических данных.

12.3.2.2 Представление данных
Каждый Оператор должен вести учет всех геологических и геофизических данных и информации по Договорной территории, полученных Оператором в ходе осуществления Нефтяных работ, в виде оригиналов или копий хорошего качества, записанных на магнитную ленту или при помощи иного оцифровывающего устройства, где это приемлемо. Оператор должен передавать копии всех этих данных и информации, включая каротажные диаграммы и данные по скважинам, в Компетентный орган сразу после поступления таких данных в распоряжение Оператора по мере практической осуществимости.

12.3.3 Отчеты по бурению и освоению

12.3.3.1 Ежедневный отчет по бурению
Каждый Оператор должен представлять посредством факса или телекса ежедневный отчет по бурению в день, следующий за отчетным днем. Ежедневный отчет по бурению должен содержать сводку всех буровых работ.

12.3.3.2 Ежеквартальный отчет о работе
Каждый Оператор каждой Договорной территории должен представлять ежеквартальный отчет по бурению и освоению до или 15-го числа месяца, следующего за отчетным кварталом.

Rules for Development of the Hydrocarbon Fields of Turkmenistan in the "Golden Age" of Turkmen Nation (22 October 1999)
Правила разработки углеводородных месторождений в «Золотом Веке» туркменского народа (22 октября 1999 года)

Page | Страница 183 /201

following the quarter being reported. The Quarterly Drilling and Completion Activity Report shall provide a narrative and documentary summary of all Drilling and Completion Operations conducted during the quarter and shall include, without limitation, the results of all completed activities and a description of all drilling activity in progress at the end of the quarter.

Ежеквартальные отчеты по бурению и освоению должны содержать описательную и документальную сводку всех работ по бурению и освоению, выполненных в течение квартала, а также включать, без ограничений, результаты всех завершенных работ и описание буровых работ, находящихся в процессе выполнения на конец квартала.

Rules for Development of the Hydrocarbon Fields of Turkmenistan in the "Golden Age" of Turkmen Nation (22 October 1999)
Правила разработки углеводородных месторождений в «Золотом Веке» туркменского народа (22 октября 1999 года)

Page | Страница 184 /201

12.3.3.3 Well Completion Report

Each Operator shall file a Well Completion Report within forty-five (45) days of the first month following completion of each well. The Well Completion Report shall include a complete and accurate record of the drilling and completion of each well in the Contract Area and shall include, without limitation, (i) the geological strata through which the well was drilled, (ii) the casing, tubing and down-hole equipment run in the well including any modification and alterations thereto, and (iii) data with respect to the zone of completion and other Petroleum bearing zones encountered.

12.3.4 Exploration, Appraisal and Development

12.3.4.1 Quarterly Activity Report

Each Operator of each Contract Area shall file a Quarterly Exploration, Appraisal or Development Activity Report on or before the 15th day of the second month following the quarter being reported. The Quarterly Exploration, Appraisal or Development Activity Report shall provide a narrative and documentary summary of all Exploration, Appraisal or Development Operations conducted during the quarter and shall include, without limitation, the results of all completed activities and a description of all exploration, appraisal or development activity in progress at the end of the quarter.

12.3.5 Production

12.3.5.1 Monthly Production Report

Each Operator of each Contract Area shall file a Monthly Production Report on or before the last day of the month following the month being reported. The Monthly Production Report shall include, without limitation, (i) the total quantity of

12.3.3.3 Отчет по освоению скважины

Каждый Оператор должен представлять Отчет по освоению скважины в течение сорока пяти (45) дней, следующих за освоением каждой скважины. Отчет по освоению скважины должен содержать полную и точную информацию по бурению и освоению каждой скважины на Договорной территории, а также включать, без ограничений, данные о (i) геологическом пласте, через который пробурена скважина, (ii) обсадной колонне, насосно-компрессорных трубах и внутрискважинном оборудовании, спущенных в скважину, включая любые модификации и изменения, и (iii) об интервале освоения и других обнаруженных углеводородонасыщенных зонах.

12.3.4 Отчет по геологоразведке, оценке и разработке

12.3.4.1 Ежеквартальный отчет о работе

Каждый Оператор каждой Договорной территории должен представлять ежеквартальный отчет по геологоразведке, оценке или разработке до или 15-го числа второго месяца, следующего за отчетным кварталом. Ежеквартальный Отчет по геологоразведке, оценке или разработке должен содержать описательную и документальную сводку всех работ по геологоразведке, оценке или разработке, выполненных в течение квартала, а также включать, без ограничений, результаты всех завершенных работ и описание всех работ по геологоразведке, оценке или разработке, находящихся в процессе выполнения на конец квартала.

12.3.5 Отчет по добыче

12.3.5.1 Ежемесячный отчет по добыче

Каждый Оператор должен представлять ежемесячный отчет по добыче до или в последний день месяца, следующего за отчетным месяцем. Ежемесячный отчет по добыче должен содержать без ограничений сведения об: (i) общем объеме добытых Углеводородных ресурсов с каждой

Rules for Development of the Hydrocarbon Fields of Turkmenistan in the "Golden Age" of Turkmen Nation (22 October 1999)
Правила разработки углеводородных месторождений в «Золотом Веке» туркменского народа (22 октября 1999 года)

Page | Страница 185 /201

produced Petroleum from each well in the Contract Area, (ii) the total quantity of produced water from each well in the Contract Area, and (iii) total quantity of Petroleum lifted by each Contractor.

Договорной территории, (ii) общем объеме воды, извлеченной из каждой скважины на Договорной территории, и (iii) общем объеме Углеводородных ресурсов, добытом каждым Подрядчиком.

Rules for Development of the Hydrocarbon Fields of Turkmenistan in the "Golden Age" of Turkmen Nation (22 October 1999)
Правила разработки углеводородных месторождений в «Золотом Веке» туркменского народа (22 октября 1999 года)

Page | Страница 186 /201

CHAPTER XII – RECORDS & REPORTING

12.3.6 Reserves

12.3.6.1 Annual Reserve Report
Each Operator of each Contract Area shall file an Annual Reserve Report on or before the last day of April following the year being reported. The Annual Reserve Report shall summarize the estimated quantities of proved, probable and possible oil and gas reserves at year-end for each Contract Area and shall identify all changes (revisions, extensions, discoveries, production) in proved oil and gas reserves which occurred during the year being reported.

12.3.7 Abandonment and Reclamation

12.3.7.1 Annual Activity Report
If any such activity was conducted, each Operator of each Contract Area shall file an Annual Abandonment and Reclamation Activity Report on or before the last day of April following the year being reported.

12.3.7.2 Final Abandonment and Reclamation Report
If any such activity was conducted, each Operator of each Contract Area shall file a Final Abandonment and Reclamation Activity Report on or before the last day of the 3rd month following completion of Abandonment and Reclamation Operations.

12.3.8 Safety and Health

12.3.8.1 Incident Report
Each Operator shall file a Safety and Health Incident Report within 24 hours following the occurrence of a material safety and health incident.

12.3.8.2 Annual Activity Report
Each Operator of each Contract Area shall file an Annual Safety and Health Activity Report on or before the last day

ГЛАВА XII – ДОКУМЕНТАЦИЯ И ОТЧЕТНОСТЬ

12.3.6 Отчет по запасам

12.3.6.1 Годовой отчет по запасам
Каждый Оператор каждой Договорной территории должен представлять годовой отчет по запасам до или 30 апреля года, следующего за отчетным. Годовой отчет по запасам должен содержать сводку расчетного количества подтвержденных, вероятных и возможных запасов нефти и газа по состоянию на конец года для каждой Договорной территории, а также отражать все изменения (поправки, протяженность, обнаружение, добыча) в подтвержденных запасах нефти и газа, происшедших в течение отчетного года.

12.3.7 Ликвидация и восстановление

12.3.7.1 Годовой отчет о работе
Если такая работа была проведена, каждый Оператор каждой Договорной территории должен представлять годовой отчет по ликвидационным и восстановительным работам до или 30 апреля года, следующего за отчетным.

12.3.7.2 Окончательный отчет по ликвидационным и восстановительным работам
Если такая работа была проведена, каждый Оператор каждой Договорной территории должен представлять окончательный отчет по ликвидационным и восстановительным работам до или в последний день третьего месяца, следующего за завершением ликвидационных и восстановительных работ.

12.3.8 Техника безопасности и охрана здоровья

12.3.8.1 Отчет об инциденте
Каждый Оператор должен представлять отчет об инциденте по безопасности и здоровью в течение 24 часов после возникновения существенного инцидента по безопасности и здоровью.

12.3.8.2 Годовой отчет
Каждый Оператор каждой Договорной территории должен представлять годовой отчет по технике безопасности и охране здоровья до или

Rules for Development of the Hydrocarbon Fields of Turkmenistan in the "Golden Age" of Turkmen Nation (22 October 1999)
Правила разработки углеводородных месторождений в «Золотом Веке» туркменского народа (22 октября 1999 года)

Page | Страница 187 /201

of April following the year being reported. The Annual Safety and Health Activity Report shall detail the particulars of all material safety and health incidents, which occurred during the year being reported.

12.3.9 Environmental

12.3.9.1 Incident Report
Each Operator shall file an Environmental Incident Report within 24 hours following the occurrence of a material environmental incident.

12.3.9.2 Annual Activity Report
Each Operator of each Contract Area shall file an Annual Environmental Activity Report on or before the last day of April following the year being reported. The Annual Environmental Activity Report shall detail the particulars of all material environmental incidents, which occurred during the year being reported.

12.4 Miscellaneous Provisions

12.4.1 Where to Report
All reports listed in this Chapter should be mailed, delivered, or sent by facsimile or telex to: The Competent Body, 53 Azady Street, Ashgabat, Turkmenistan 744000. Facsimile No. _____. Attention: _____. A report is considered received when it is delivered to the competent Body at the address specified above.

12.4.2 Confidentiality
Unless the Contract provides otherwise, all data submitted to the Competent Body by an Operator shall be kept confidential by the Competent body and shall not be reproduced or disclosed to any third party prior to the relinquishment of the Contract Area to which the information relates. Notwithstanding the above limitation, the Competent Body may

30 апреля года, следующего за отчетным. Годовой отчет по технике безопасности и охране здоровья должен содержать подробное описание всех существенных инцидентов по безопасности и здоровью, происшедших в течение отчетного года.

12.3.9 Охрана окружающей среды

12.3.9.1 Отчет об инциденте
Каждый Оператор должен представлять отчет об экологическом инциденте в течение 24 часов после возникновения существенного экологического инцидента.

12.3.9.2 Годовой отчет
Каждый Оператор каждой Договорной территории должен представлять годовой отчет по охране окружающей среды до или 30 апреля года, следующего за отчетным. Годовой отчет по охране окружающей среды должен содержать подробное описание всех существенных экологических инцидентов, происшедших в течение отчетного года.

12.4 Прочие требования

12.4.1 Адрес для представления отчетов
Все отчеты, перечисленные в настоящей главе, должны отправляться по почте, доставляться или посылаться по факсу или телексу по следующему адресу: 744000 Туркменистан, Ашхабад, ул. Азади, 53, Компетентный орган. Номер факса: _____. На имя: _____. Отчет считается полученным, если он доставлен в Компетентный орган по указанному адресу.

12.4.2 Конфиденциальность
Если иное не предусмотрено в Договоре, Компетентный орган должен сохранять конфиденциальность всех данных, представленных Оператором в Компетентный орган, и не должен воспроизводить или раскрывать эти данные третьей стороне до передачи Договорной территории, к которой относится эта информация. Несмотря на указанное ограничение, Компетентный орган

Rules for Development of the Hydrocarbon Fields of Turkmenistan in the "Golden Age" of Turkmen Nation (22 October 1999)
Правила разработки углеводородных месторождений в «Золотом Веке» туркменского народа (22 октября 1999 года)

Page | Страница 188 /201

disclose such data to any governmental agency, financial institution, or other person acting as an advisor or consultant to the government of Turkmenistan upon obtaining a similar undertaking of confidentiality in favor of the Operator. All such data disclosed pursuant to this Section shall be disclosed on terms that ensure the continuing confidential treatment of the data by the recipient.

может раскрыть эти данные для любого государственного агентства, финансового учреждения или иного лица, выступающего в роли советника или консультанта Правительства Туркменистана по получении подобных обязательств по конфиденциальности в отношении Оператора. Все эти данные, в соответствии с настоящим разделом, должны быть раскрыты на условиях, обеспечивающих непрерывную конфиденциальность обращения с данными со стороны получателя.

Rules for Development of the Hydrocarbon Fields of Turkmenistan in the "Golden Age" of Turkmen Nation (22 October 1999)
Правила разработки углеводородных месторождений в «Золотом Веке» туркменского народа (22 октября 1999 года)

Page | Страница 189 /201

CHAPTER XIII - REMEDIES

13.1 Remedies

13.1.1 Violation and Contractual Dispute Resolution

Whenever the Competent body determines, on the basis of available data, that a violation of or failure to comply with any provision of Chapters II, V, VII, VIII, IX, X, XI or XII of these Regulations has occurred and such violation is continuing beyond notice to the Operator and expiration of a reasonable period allowed for corrective action, the Competent Body may direct the preparation of a case file and appoint a member of the Competent Body to serve as an Administrative Judge. In making this determination, the Competent Body shall have the authority to interview interested parties and gather evidence. In the event a Contract contains dispute resolution provisions agreed by the Competent Body, any violation or failure to comply with these Regulations shall be governed by the dispute resolution provisions contained in the Contract.

13.1.2 Administrative Judge

The Administrative Judge shall decide each case based on the evidence of record. The Administrative Judge may require the attendance of witnesses at hearings or for the taking of information and may issue orders to produce evidence. The Administrative Judge may assess civil penalties and, when appropriate, recommend the initiation of criminal proceedings.

13.1.3 Preliminary Determination

The Administrative Judge shall proceed under Section 13.1.4 of these Regulations

ГЛАВА XIII - СРЕДСТВА СУДЕБНОЙ ЗАЩИТЫ

13.1 Средства судебной защиты

13.1.1 Нарушение и разрешение споров по Договору

В случаях, когда Компетентный орган определяет на основе имеющихся данных, что имело место нарушение или неспособность соблюдения положений глав II, V, VII, VIII, IX, X, XI или XII настоящих Правил, и такое нарушение продолжает иметь место после представления Оператору уведомления и истечения достаточного срока, отведенного на корректировочные действия, Компетентный орган может начать подготовку дела для рассмотрения и назначить одного из членов Компетентного органа в качестве административного судьи. При принятии такого решения Компетентный орган должен иметь полномочия интервьюировать заинтересованные стороны и собирать доказательства. В случае, если Договор содержит положения о разрешении споров, согласованные с Компетентным органом, любое нарушение или невыполнение данных Правил будет регулироваться положениями о разрешении споров, содержащимися в Договоре.

13.1.2 Административный судья

Административный судья должен принимать решение по каждому делу на основании документальных доказательств. Административный судья может потребовать присутствия свидетелей на слушании или для получения информации, а также отдавать распоряжения о предоставлении доказательств. Административный судья может определять гражданско-правовые санкции и, по мере соответствующей необходимости, рекомендовать возбуждение уголовного судопроизводства.

13.1.3 Предварительное решение

Административный судья должен осуществлять процессуальные действия согласно разделу 13.1.4

Rules for Development of the Hydrocarbon Fields of Turkmenistan in the "Golden Age" of Turkmen Nation (22 October 1999)
Правила разработки углеводородных месторождений в «Золотом Веке» туркменского народа (22 октября 1999 года)

Page | Страница 190 /201

upon determining that sufficient evidence exists that a violation probably occurred and that: (i) the violation continued beyond notice to the Operator and the expiration of a reasonable period allowed for corrective action, or (ii) the violation constitutes a threat of serious, irreparable, or immediate harm or damage to life, property, Petroleum Resource, or the marine, coastal or human environment.

настоящих Правил после того, как было установлено, что имеются достаточные доказательства того, что нарушение, возможно, имело место и что: (i) это нарушение продолжает иметь место после представления Оператору уведомления и истечения достаточного срока, отведенного на корректировочные действия, или (ii) нарушение продолжает представлять угрозу нанесения серьёзного, непоправимого или незамедлительного ущерба или вреда для жизни, собственности, Углеводородных ресурсов или морской, береговой среде, или среде обитания человека.

Rules for Development of the Hydrocarbon Fields of Turkmenistan in the "Golden Age" of Turkmen Nation (22 October 1999)
Правила разработки углеводородных месторождений в «Золотом Веке» туркменского народа (22 октября 1999 года)

Page | Страница 191 /201

13.1.4 Notification

The Administrative Judge shall provide written notice to the Operator or other party alleged to have committed the violation of the following:

(i) the alleged violation, citing the applicable provision of the Regulations upon which the action is based;

(ii) the amount of penalty that appears to be appropriate in the event it is determined the Operator or other party is responsible for the violation;

(iii) the Operator's or other party's right to examine the material in the case file and to have a copy of all written documents upon request; and

(iv) the fact that subject to Section 13.1.5 of these Regulations, the Operator or other party has the right to a hearing before the Administrative Judge prior to any finding of fact regarding the alleged violation.

13.2 Hearings

13.2.1 Response to Notice

Within thirty (30) days after receipt of a notice pursuant to Section 13.1.4 of these Regulations, the party receiving such notice shall accomplish one of the following:

(i) request a hearing before the Administrative Judge;
(ii) provide written evidence and arguments in lieu of a hearing; or
(iii) pay the amount specified in the notice.

13.2.2 Request for Hearing

A request for a hearing before the Administrative Judge shall be in writing and specify the issues that are in dispute.

13.1.4 Уведомление

Административный судья должен представить Оператору либо иной стороне, предположительно совершившей нарушение, письменное уведомление о следующем:

(i) заявленное нарушение со ссылкой на соответствующее положение Правил, на основании которого предпринимается это действие;

(ii) объем соответствующей санкции в случае, если будет определено, что Оператор или другая сторона являются ответственными за нарушение;

(iii) право Оператора либо иной стороны изучить материалы дела и сделать копию всех письменных документов по просьбе;

(iv) факт того, что, согласно разделу 13.1.5 настоящих Правил, Оператор либо иная сторона имеет право слушания перед административным судьей до любого установления факта, касающегося заявленного нарушения.

13.2 Слушания

13.2.1 Ответ на уведомление

В течение тридцати (30) дней после получения уведомления согласно разделу 13.1.4 настоящих Правил сторона, получившая такое уведомление, должна выполнить одно из следующих требований:

(i) запросить слушание перед административным судьей;
(ii) представить письменные доказательства и аргументы вместо слушания;
(iii) оплатить сумму, указанную в уведомлении.

13.2.2 Просьба о слушании

Просьба о слушании перед административным судьей должна быть в письменной форме и указывать спорные вопросы для рассмотрения.

Rules for Development of the Hydrocarbon Fields of Turkmenistan in the "Golden Age" of Turkmen Nation (22 October 1999)
Правила разработки углеводородных месторождений в «Золотом Веке» туркменского народа (22 октября 1999 года)

Page | Страница 192 /201

Failure to specify an issue may preclude its consideration at the hearing unless the Administrative Judge determines it necessary or desirable in the interest of obtaining a fair resolution of the matter.

The Administrative Judge shall promptly schedule all requested hearings in the office of the Competent Body or at such other location as the parties may agree to. The Administrative Judge shall grant reasonable requests for delays and continuances as may be necessary in the interest of obtaining a fair resolution of the matter.

Если вопрос для рассмотрения не будет указан, он может не рассматриваться на слушании, если только административный судья не решит, что это необходимо или желательно в интересах справедливого разрешения дела.

Административный судья должен незамедлительно назначить время для всех запрашиваемых слушаний в учреждении Компетентного органа или в другом подобном месте по соглашению сторон. Административный судья должен удовлетворять разумные просьбы об отсрочках и продлении сроков по мере необходимости в интересах справедливого разрешения дела.

Rules for Development of the Hydrocarbon Fields of Turkmenistan in the "Golden Age" of Turkmen Nation (22 October 1999)
Правила разработки углеводородных месторождений в «Золотом Веке» туркменского народа (22 октября 1999 года)

Page | Страница 193 /201

13.3 Hearing Procedures

13.3.1 Evidence

Material in the case file, which is pertinent to the issues, shall be presented to the Operator or other party who may respond to this material. The Operator or other party may offer any facts, statements, explanations, documents, testimony, and other items which bear on the issues or which may be relevant to the amount of the penalty to be assessed if the party is found guilty of the alleged violation. The Administrative Judge may require authentication of any written material or statement.

In evaluating the evidence presented, the Administrative Judge shall give due consideration to the reliability and relevance of each item of evidence.

13.3.2 Additional Evidence

At any time prior to conclusion of the hearing, the Operator or other party may request an opportunity to submit additional written material for consideration by the Administrative Judge. The Administrative Judge shall allow a reasonable time for submission of additional written material and shall specify the date by which it must be received.

13.3.3 Transcript

A transcript of the hearing need not be prepared. The Administrative Judge shall prepare notes on the material and points raised by the Operator or other party in sufficient detail to permit a full and fair review and resolution of the case should it be appealed.

The Operator or other party may, at its own expense, cause a verbatim transcript to be prepared. If a transcript is made and the Administrative Judge's decision is appealed, the Operator or other party

13.3 Процедура слушаний

13.3.1 Доказательства

Относящиеся к существу вопроса материалы дела представляются Оператору либо иной стороне, имеющей право ответа по данному материалу. Оператор либо иная сторона может предложить факты, заявления, разъяснения, документы, показания, а равно и иные доказательства, которые могут оказать влияние на рассматриваемые вопросы, либо могут иметь отношение к объему санкции, устанавливаемой в случае, если сторона будет признана виновной в совершении заявленного нарушения. Административный судья имеет право потребовать заверить любые письменные материалы или заявления.

При проведении оценки представленных доказательств административный судья обязан рассмотреть надлежащим образом надежность, а также отношение к делу каждого доказательства.

13.3.2 Дополнительные доказательства

В любое время до завершения слушания Оператор либо иная сторона имеет право запросить о возможности представления дополнительного письменного материала к рассмотрению административным судьей. Административный судья назначает достаточный срок для представления дополнительного письменного материала, и устанавливает дату, к которой материал должен быть получен.

13.3.3 Запись процесса слушаний

Необходимости в ведении записи слушаний нет. Административный судья подготавливает записи по материалам и вопросам, представленным и поднятым Оператором либо иной стороной, в деталях, достаточных для полного и справедливого рассмотрения и разрешения дела в случае, если будет подана апелляция.

Оператор либо иная сторона имеет право подготовить за свой счет дословную запись. В случае, если запись процесса слушаний подготовлена и против решения административного судьи подается апелляция, Оператор либо иная сторона подает вместе с

Rules for Development of the Hydrocarbon Fields of Turkmenistan in the "Golden Age" of Turkmen Nation (22 October 1999)
Правила разработки углеводородных месторождений в «Золотом Веке» туркменского народа (22 октября 1999 года)

Page | Страница 194 /201

shall submit a copy of the transcript with the appeal to the Executive Director of the Competent Body and the Administrative Judge for inclusion in the case file.

просьбой об апелляции копию записи процесса слушаний Исполнительному директору Компетентного органа и административному судье для включения ее в материалы дела.

Rules for Development of the Hydrocarbon Fields of Turkmenistan in the "Golden Age" of Turkmen – Nation (22 October 1999)
Правила разработки углеводородных месторождений в «Золотом Веке» туркменского народа (22 октября 1999 года)

Page | Страница 195 /201

CHAPTER XIII – REMEDIES

13.4 Decisions

13.4.1 Determination
Within thirty (30) days following conclusion of the hearing, the Administrative Judge shall provide the Operator or other party a written determination regarding the case which shall include, without limitation, the Administrative Judge's conclusions and the basis for such conclusions.

13.4.2 Dismissal
The Administrative Judge shall dismiss the case if the Administrative Judge determines that:

(i) there is not substantial evidence in the record establishing that the alleged violation occurred;

(ii) for an alleged violation of the type described in Section 13.1.3 (i) of these Regulations, either the required notice of the alleged violation was not provided or the alleged violation did not continue after the termination of any period provided for corrective action; or

(iii) for an alleged violation of the type described in Section 13.1.3 (ii) of these Regulations, there is not substantial evidence on the record that, at the time of discovery, the violation constituted a threat of serious, irreparable, or immediate harm or damage to life, property, hydrocarbon resource, or the marine, coastal or human environment.

A dismissal under this Section 13.4.2 is without prejudice to the Competent Body's right to re-file the case if additional evidence is obtained. A dismissal following a rehearing is deemed final.

13.4.3 Notice of Right to Appeal

ГЛАВА XIII – СРЕДСТВА СУДЕБНОЙ ЗАЩИТЫ

13.4 Решения

13.4.1 Решение
В течение тридцати (30) дней после завершения слушания административный судья представляет Оператору или иной стороне, письменное решение по делу, включающее, но не ограничивающееся этим, заключения административного судьи и основания для таких заключений.

13.4.2 Отклонение
Административный судья отклоняет дело, если им будет определено следующее:

(i) недостаточность доказательств по предмету спора в пользу того, что заявленное нарушение имело место;

(ii) для заявленных нарушений, описанных в разделе 13.1.3 (i) настоящих Правил, в случаях, если не направлено уведомление о заявленном нарушении, либо в случаях, когда заявленное нарушение перестало продолжаться после завершения периода времени, отведенного на корректировочные действия;

(iii) для заявленных нарушений, описанных в разделе 13.1.3 (ii) настоящих Правил, в случаях недостаточности доказательств по предмету спора в пользу того, что в момент его обнаружения нарушение представляло угрозу нанесения серьёзного, непоправимого или незамедлительного ущерба или вреда для жизни, собственности, углеводородных ресурсов или морской, береговой или человеческой среде.

Отклонение, приведенное в настоящем разделе, не носит предвзятого характера относительно права Компетентного органа на повторную подачу материалов дела в случае получения новых доказательств. Отклонение после повторного слушания считается окончательным.

13.4.3 Уведомление о праве на апелляцию

Rules for Development of the Hydrocarbon Fields of Turkmenistan in the "Golden Age" of Turkmen Nation (22 October 1999)
Правила разработки углеводородных месторождений в «Золотом Веке» туркменского народа (22 октября 1999 года)

Page | Страница 196 /201

CHAPTER XIII – REMEDIES

The Administrative Judge's decision shall contain a statement advising the Operator or other party of the right to an administrative appeal to the Executive Director of the Competent Body. Failure to submit an appeal within the prescribed time will bar its consideration. Failure to appeal a particular issue will constitute a waiver of that issue in any subsequent proceeding.

ГЛАВА XIII – СРЕДСТВА СУДЕБНОЙ ЗАЩИТЫ

Решение административного судьи должно содержать формулировку, информирующую Оператора либо иную сторону о праве на подачу административной апелляции на имя Исполнительного директора Компетентного органа. Если в пределах указанного срока апелляция не будет подана, то она не рассматривается. В случае, если апелляция по отдельному вопросу не подана, это означает отказ от рассмотрения этого вопроса при любом последующем разбирательстве.

Rules for Development of the Hydrocarbon Fields of Turkmenistan in the "Golden Age" of Turkmen Nation (22 October 1999)
Правила разработки углеводородных месторождений в «Золотом Веке» туркменского народа (22 октября 1999 года)

Page | Страница 197 /201

CHAPTER XIII – REMEDIES	ГЛАВА XIII – СРЕДСТВА СУДЕБНОЙ ЗАЩИТЫ

13.5 Appeal Procedures

13.5.1 Submission
Any appeal from a decision of the Administrative Judge, together with any supporting argument, shall be submitted by the Operator or other party to the Executive Director of the Competent body within thirty (30) days after receipt of the decision. The Operator or other party shall provide a copy of the appeal and supporting argument to the Administrative Judge. The only issues which will be considered on appeal are those issues specified in the notice of appeal which were properly raised before the Administrative Judge.

13.5.2 Failure to Appeal
The failure to file a notice appeal within the time specified in Section 13.5.1 of these Regulations will result in the decision of the Administrative Judge becoming the final decision of the Competent Body in the case.

13.5.3 Information
A copy of all of the Administrative Judge's comments on the appeal that are submitted to the Executive Director shall be provided to the Operator or other party.

13.5.4 Determination
The Executive Director may affirm, reverse, or modify the Administrative Judge's decision or remand the case to the Administrative Judge for new or additional proceedings. The Executive Director may also transfer the matter to the Higher Economic court for final resolution. An Operator shall also have the right to appeal from a decision of the Executive Director to the Higher Economic Court and/or such other higher courts in Turkmenistan as are appropriate to reach a final determination of the issue.

13.5 Порядок подачи апелляций

13.5.1 Представление
Любая апелляция, возникшая в результате решения, принятого административным судьей, наряду с подтверждающими доводами, направляется Оператором либо иной стороной на имя Исполнительного директора Компетентного органа в течение тридцати (30) дней после получения судебного решения. Оператор либо иная сторона, представляет копию апелляции и подтверждающих доводов административному судье. В слушании по апелляции допускаются к рассмотрению лишь те вопросы, которые указаны в просьбе об апелляции и надлежащим образом представлены административному судье.

13.5.2 Непредставление
Непредставление апелляции в сроки, определенные в разделе 13.5.1 настоящих Правил означает, что в таком случае решение административного судьи становится окончательным решением Компетентного органа.

13.5.3 Информация
Копии всех комментариев административного судьи в отношении апелляции, представленных Исполнительному директору, должны быть представлены Оператору или иной стороне.

13.5.4 Решение
Исполнительный директор может утвердить, отменить или изменить решение административного судьи или направить дело административному судье для нового или дополнительного разбирательства. Исполнительный директор может также передать дело в Высший хозяйственный суд Туркменистана для вынесения окончательного решения. Оператор также имеет право апеллировать решение Исполнительного директора в Высшем хозяйственном суде и/или других соответствующих верховных судах Туркменистана для окончательного разрешения этого вопроса.

Rules for Development of the Hydrocarbon Fields of Turkmenistan in the "Golden Age" of Turkmen Nation (22 October 1999)
Правила разработки углеводородных месторождений в «Золотом Веке» туркменского народа (22 октября 1999 года)

Page | Страница 198 /201

CHAPTER XIII – REMEDIES

ГЛАВА XIII – СРЕДСТВА СУДЕБНОЙ ЗАЩИТЫ

The Executive Director may increase, modify, or suspend, in whole or in part, any penalty assessed by the Administrative Judge.

Исполнительный директор может увеличить размер, изменить или приостановить, частично или в целом, любую санкцию, налагаемую административным судьей.

Rules for Development of the Hydrocarbon Fields of Turkmenistan in the "Golden Age" of Turkmen Nation (22 October 1999)
Правила разработки углеводородных месторождений в «Золотом Веке» туркменского народа (22 октября 1999 года)

Page | Страница 199 /201

13.5.5 Notice of Decision

The Executive Director's decision shall be in writing, and copies shall be provided the Operator or other party and the Administrative Judge.

13.5.6 Reopening a Case

At any time prior to a final decision by the Executive Director and the Higher Economic Court of Turkmenistan, as applicable, the Operator or other party may request the Competent Body to reopen the case on the basis of newly discovered evidence.

Requests to reopen a case must be in writing, and shall describe the newly found evidence and state way the evidence would likely produce a different result more favorable to the Operator or other party.

The Administrative Judge shall consider the request to reopen the case unless an appeal has been filed. Where an appeal has been filed, a request to reopen a case shall be considered by the Executive Director.

13.6 Civil Penalties

13.6.1 Limitation

If the Administrative Judge determines that a civil penalty is to be assessed, the penalty shall not exceed US$5,000 for each day the violation continues in the case of violations described in Section 13.1.3 (i) of this Chapter. The penalty shall not exceed US$10,000 for each day the violation continues in the case of violations described in Section 13.1.3 (ii) of this Chapter. No other penalties or liabilities shall be levied or imposed under these Regulations or any other laws and regulations of Turkmenistan as a result of a violation of these Regulations in addition to the penalties set out herein.

13.5.5 Уведомление о решении

Решение Исполнительного директора должно быть представлено в письменной форме, и копии должны быть направлены Оператору, либо иной стороне, и административному судье.

13.5.6 Возобновление дела

В любое время до принятия окончательного решения Исполнительным директором и Высшим хозяйственным судом Туркменистана, где это применимо, Оператор или иная сторона может подать заявку в Компетентный орган на возобновление дела на основе предоставления новых доказательств.

Заявки на возобновление дела должны быть представлены в письменной форме и содержать описание вновь полученных доказательств и объяснение того, как такое доказательство может привести к более благоприятному решению для Оператора или иной стороны.

Административный судья должен рассмотреть заявку на возобновление дела, в случае если апелляция не представлена. Если апелляция представлена, то заявку на повторное открытие дела должен рассматривать Исполнительный директор.

13.6 Гражданско-правовые санкции

13.6.1 Ограничение

Если административный судья постановляет, что необходимо определить размер гражданско-правовой санкции, то ее размер не должен превышать 5000 долларов США за каждый день продолжения заявленного нарушения в случае, описанном в разделе 13.1.3 (i) настоящей главы. Размер санкции не должен превышать 10000 долларов США за каждый день продолжения заявленного нарушения в случае, описанном в разделе 13.1.3 (ii) настоящей главы. Никакие другие штрафы или обязательства не должны возлагаться или предъявляться согласно данным Правилам или любым другим законам и правилам Туркменистана в результате нарушения данных Правил в дополнение к штрафам, указанным в

Rules for Development of the Hydrocarbon Fields of Turkmenistan in the "Golden Age" of Turkmen Nation (22 October 1999)
Правила разработки углеводородных месторождений в «Золотом Веке» туркменского народа (22 октября 1999 года)

Page | Страница 200 /201

данном документе.

13.6.2 Assessment

For an alleged violation of the type described in Section 13.1.3 (i) of this Chapter, the penalty may be assessed for each day the violation continues after notice and a reasonable period for corrective action. For an alleged violation of the type described in Section 13.1.3 (ii) of this Chapter, the penalty may be assessed for each day the violation continued after it first occurred.

13.6.3 Suspension of Payment

If the Administrative Judge's decision is appealed to the Executive Director, payment of a civil penalty shall not be due until after the Executive Director, the court of final appeal, or any Arbitrator appointed pursuant to a Contract have reached a final decision on the case.

13.6.4 Collection

The Competent Body shall collect civil penalties assessed by the Administrative Judge or the Executive Director. Payment of a civil penalty shall be in accordance with the instructions that accompany the notice of demand for payment sent to the Operator or other party. Within thirty (30) days after receipt of the payment demand issued by the Competent Body, the Operator or other party shall submit payment of the assessed penalty in accordance with the instructions.

13.6.2 Определение размера

За вид заявленного нарушения, описанный в разделе 13.1.3 (i) настоящей главы, размер санкции может быть оценен за каждый день продолжения нарушения после уведомления и предоставления достаточного периода времени на корректировочные действия. За вид заявленного нарушения, описанный в разделе 13.1.3 (ii) настоящей главы, размер санкции может быть оценен за каждый день нарушения после его возникновения.

13.6.3 Приостановление выплаты

Если Исполнительному директору подана апелляция в отношении решения административного судьи, выплата должна производиться только после вынесения окончательного решения по делу Исполнительным директором, судом конечной инстанции или любым арбитром, назначенным согласно Договору.

13.6.4 Сбор выплат по гражданско-правовым санкциям

Компетентный орган должен производить сбор выплат по гражданско-правовым санкциям, наложенным административным судьей или Исполнительным директором. Выплата суммы по гражданско-правовой санкции должна производиться в соответствии с инструкциями, прилагаемыми к уведомлению об оплате, направленному Оператору или иной стороне. В течение тридцати (30) дней со дня получения уведомления об оплате, выданного Компетентным органом, Оператор или иная сторона должны произвести выплату суммы наложенной санкции в соответствии с инструкциями.

Rules for Development of the Hydrocarbon Fields of Turkmenistan in the "Golden Age" of Turkmen Nation (22 October 1999)
Правила разработки углеводородных месторождений в «Золотом Веке» туркменского народа (22 октября 1999 года)

Page | Страница 201 /201

www.ingramcontent.com/pod-product-compliance
Lightning Source LLC
Chambersburg PA
CBHW080638180526
45168CB00008B/3209